Les Essentiels
de la République

Du même auteur

La planète n'est pas à vendre, avec Nicolas Vial, Naïve, 2009.
Du bruit dans le Landerneau : entretiens avec Yannick Le Bourdonnec, Albin Michel, 2004.
La Fronde des caddies : vers une nouvelle société de consommation, Plon, 1994.
Itinéraires dans l'univers de la bande dessinée, avec Chantal-Marie Wahl, Flammarion, 2003.

Michel-Édouard Leclerc
et Alexandre Tuaillon

Les Essentiels de la République

Comment la Covid-19 a changé la consommation des Français

ISBN : 979-10-329-2026-8
Dépôt légal : 2021, mars
© Éditions de l'Observatoire/Humensis, 2021
170 *bis*, boulevard du Montparnasse, 75014 Paris

Avertissement

« Essentiels ». Ainsi ont été qualifiés certains secteurs d'activité durant la pandémie de Covid-19. Cette formule, qui n'avait pas fait polémique lors du premier confinement, a été très mal reçue lors du deuxième confinement. Et pour cause ! Pour affronter une crise d'une telle ampleur, tout le monde est essentiel !

Ce livre veut rendre un hommage particulier à toutes ces femmes et tous ces hommes, qu'ils soient employés, agents de maîtrise, cadres, chefs d'entreprise travaillant en entrepôt, drive, magasin ou société spécialisée, mobilisés depuis un an, au service des Français, dans l'alimentaire comme dans le non-alimentaire, dans le petit comme dans le grand commerce.

« Et pour dire simplement ce qu'on apprend au milieu des fléaux, qu'il y a dans les hommes plus de choses à admirer qu'à mépriser. »

Albert Camus, *La Peste*

L'équivalent des droits d'auteur perçus dans le cadre de la vente de cet essai sera reversé au comité local du Secours populaire de Clichy-sous-Bois (Seine-Saint-Denis). Bien sûr, beaucoup d'autres associations étaient légitimes à en être bénéficiaires. Nous avons voulu, par cette décision, apporter un soutien symbolique à cette association, implantée dans une ville fragile, au sein d'un département fragile, et à ses bénévoles qui œuvrent, chaque jour, à la solidarité envers les plus précaires.

Prologue

Plus rien ne sera comme avant

En trente-cinq années de métier, j'ai connu nombre de crises, souvent alimentaires : salmonelle, listéria, *Escherichia coli*, vache folle, « affaire Lactalis » du lait infantile... D'ampleur inégale, elles ont en commun d'avoir mobilisé nos cellules de crise des jours entiers. Pour autant, la crise de la Covid-19 restera incomparable et inoubliable. D'une violence insoutenable, elle aura fait disparaître prématurément des millions de femmes et d'hommes partout dans le monde, exacerbé les inégalités sociales et privé nombre de familles d'obsèques pourtant si indispensables au travail de deuil. Nous ne sommes qu'au début de la gestion de son impact psychologique et social.

Quand, à la fin 2019, surgissent les premiers signaux de cette crise sanitaire venue d'Asie, notre inquiétude est encore faible, voire inexistante. À l'image des scientifiques mis en avant par les médias durant cette période, nous pensons être à l'abri de ce que de nombreux médecins qualifient encore de « grippette ». Quelques professeurs de médecine ou chercheurs tentent bien d'alerter sur la gravité du « coronavirus SARS-CoV-2 », mais ils passent pour d'abusifs lanceurs d'alerte, limite collapsologues. Pourquoi accorder une attention à leurs propos alarmistes, alors que, dans quelques semaines, on va élire nos maires, *comme prévu* ? Et puis, en 2009, on nous a déjà fait le coup du méchant virus asiatique H1N1, qui devait ravager la planète. Il n'est jamais venu. À l'époque, la ministre de la Santé, Roselyne Bachelot, avait imposé aux entreprises de s'équiper, par précaution, de millions de masques chirurgicaux… qui finiront par périmer. N'est-on pas en train de nous refaire le coup ?

Le 9 mars 2020, je suis aux Pays-Bas avec une quinzaine de chefs d'entreprise du Mouvement E. Leclerc. Nous y tenons un séminaire prospectif sur les marques de distributeur et le e-commerce. Nous sommes accueillis par nos partenaires du groupe Ahold Delhaize, que nous trouvons bien prudents lorsqu'ils nous annoncent avoir annulé, par précaution sanitaire, certaines des activités et visites prévues de longue date. *Arrogance française* ! Le sujet du coronavirus est d'ailleurs abordé en « questions diverses » lors de ce séminaire et, lorsque je regarde aujourd'hui les photos prises à l'époque, nous sommes tous côte à côte, sans masque. Toutes les régions de France sont représentées autour de la table et, même si la cellule de crise nationale a été réactivée depuis plusieurs jours et prend de premières mesures, l'actualité n'a pas la même acuité pour tous les participants. Pour des Bretons ou des Charentais, tout cela semble un peu lointain, alors que pour nos représentants de l'Oise et d'Alsace, c'est déjà un sujet très concret. Ils nous alertent sur les difficultés qui se présentent avec la fermeture des écoles et des crèches, l'indisponibilité du personnel en magasin et en entrepôt, la limitation des déplacements. On les écoute avec attention, un peu effrayés, mais tout cela semble encore circonscrit à quelques départements, qui sont d'ailleurs « verrouillés ». On insiste sur la nécessité de doter les salariés de gel hydroalcoolique et de gants. La suite, chacun la connaît.

Inédite, cette crise l'est par son ampleur et par notre impréparation collective à y faire face. Et pourtant, il n'a fallu que quelques jours aux distributeurs français pour s'adapter au contexte et imaginer des protocoles sanitaires qui serviront, deux mois plus tard, à nombre d'autres secteurs de l'économie. En quelques heures, sur des coins de table ou durant d'interminables réunions téléphoniques, patronat, syndicats, ministres, hauts fonctionnaires, représentants du commerce, du transport, de l'agriculture et de l'industrie agroalimentaire vont concevoir une organisation du travail jusque-là impensable, permettant de pourvoir aux besoins des Français, sans jamais faire défaut. Aucune réunion préparatoire n'aurait pu aboutir à un tel résultat. Aucun travail « en chambre », déconnecté de cette pression inédite, n'aurait pu pousser des secteurs, si souvent en conflit, à se rassembler pour parler d'une seule voix pendant des mois.

De par son caractère global (géographiquement) et simultané, cette crise aura mis le monde entier en concurrence avec lui-même, comme jamais il n'aurait été possible de l'imaginer[1]. Alors que les discours de la décroissance dénoncent volontiers, depuis des décennies, la société de consommation et son corollaire l'hyperproductivisme, nombre de pays riches ont soudainement redécouvert le concept de « pénurie ». On a beau être prêts à payer – *même cher !* –, la demande mondiale est telle que la production ne parvient pas à suivre. Les usines alimentaires tourneront à plein

---

1. Voir notamment Pascal Boniface, *Géopolitique du Covid-19 : ce que nous révèle la crise du coronavirus*, Eyrolles, 2020.

régime nuit et jour et, pourtant, il manquera quand même des pâtes et du riz dans les rayons des supermarchés ! À la faveur de cette crise, nous voilà projetés sur des marchés lointains, où plus aucune règle ne vaut : masques, gels hydroalcooliques, gants en latex, emballages alimentaires, lingettes désinfectantes... plus un seul approvisionnement ne devient certain, tous les fournisseurs étrangers paraissent suspects, les intermédiaires véreux surgissent de toutes parts, et tous les coups sont permis.

Souvent décrié et même méprisé par une élite qui n'a de considération que pour l'industrie, le commerce a accédé, un soir de mars 2020, au statut d'*activité essentielle* à la survie de la Nation. Le temps d'une crise et d'un premier confinement, la caissière de supermarché est devenue la « nouvelle Marianne », sorte de mère nourricière permettant aux millions de Français ne disposant pas d'un potager de pouvoir s'alimenter, malgré tout. Cette reconnaissance tardive de la Nation ne durera pas (on n'applaudira plus personne au soir du deuxième confinement), mais elle sera de bon aloi au cœur de la crise. Les marques de reconnaissance des clients en magasin et les élans de solidarité sur les réseaux sociaux seront autant de *likes* qui permettront aux travailleurs de la « seconde ligne » de trouver le courage d'accomplir leurs tâches.

Les professionnels le savent, le grand public le sait moins. E. Leclerc n'est pas mon entreprise, et ce n'est même pas une entreprise familiale. C'est une coopérative de chefs d'entreprise. Ils sont plus de six cents, propriétaires d'hypermarchés, de drives, de sociétés de production agroalimentaires. Ils sont vendéens, alsaciens, bretons, portugais, réunionnais... Ils font leurs achats en direct, à travers dix-neuf coopératives régionales. Au niveau national, ces entreprises sont fédérées par un groupement qui concentre tous les aspects techniques du métier et par une association où est logée la marque E. Leclerc. Ils sont présents en métropole et en Outre-mer, mais aussi en Pologne, au Portugal, en Espagne et en Slovénie. Ni royalties, ni franchise, dans ce système très original en Europe. Ces chefs d'entreprise, qu'on appelle « adhérents », se gèrent selon le principe « un homme, une voix » et décident de tout ce qui se passe sous la marque E. Leclerc, devenue marque collective par la volonté de ses fondateurs, Hélène et Édouard Leclerc, mes parents.

J'ai fait mes armes à leurs côtés, débutant comme salarié aux achats, jusqu'à devenir le président de leur association, d'abord en binôme avec Édouard Leclerc, puis en solo. Depuis quelques années, dégagé de l'opérationnel, j'accompagne les exploitants qui dirigent le Mouvement sur les questions stratégiques. Je leur propose des axes de développement. Je les représente et j'essaie de les inspirer. Et, bien sûr, je fais tout pour qu'ils restent fédérés autour d'une promesse commerciale – et sociétale – forte. Un *full-time* job et une joie sincèrement partagée de côtoyer la troisième génération d'entrepreneurs sous l'enseigne E. Leclerc.

Les Français aiment le commerce et la grande distribution. Elle est au cœur de leur consommation, donc au cœur de la vie de la cité. En quelques semaines, les magasins sont devenus les réceptacles de toutes les angoisses et de tous les espoirs de la société. Sous observation quotidienne, et à peine sortis d'une crise – les « Gilets jaunes » – qui les avait fragilisés, les commerçants, petits et grands, ont dû relever en un temps record une foule de défis quotidiens inimaginables et tout le monde s'accorde à dire, aujourd'hui, que nous avons correctement travaillé. D'ailleurs, à la fin du premier confinement, 41 % des Français estimeront que leur image de la grande distribution a changé positivement, et 92 % qu'ils perçoivent plus positivement les caissières et les caissiers[1]. J'ai voulu témoigner de tout cela, raconter comment, de ma place, j'ai vu les choses se mettre en place. J'ai voulu raconter comment, collectivement, au sein du Mouvement E. Leclerc – premier distributeur français – et, plus largement, avec nos concurrents, nos fournisseurs et nos prestataires de service, nous avons rempli le frigo des Français, tous les jours, sans discontinuer, durant ces confinements. À l'heure où le mot d'ordre général était « #RestezChezVous », les acteurs de l'alimentaire furent sommés de garder leurs postes. Dépourvus de masques, dotés chichement d'un gel hydroalcoolique devenu rare, tous ont été confrontés, pendant des semaines, à un virus dont on ne sait finalement toujours pas grand-chose des conditions de sa transmission. Difficile de trouver de la motivation pour aller bosser dans de telles conditions, alors que les médias ne parlent que de télétravail. Et pourtant, ils l'ont fait ! Pendant des semaines, des centaines de milliers de salariés et patrons de la grande distribution, du petit commerce, de l'agroalimentaire et du transport vont rester sur le terrain.

Depuis le premier jour de ma vie professionnelle, je tiens un journal de bord. Dans ces centaines de cahiers, je chronique mon quotidien, professionnel et personnel : comptes rendus de réunion, réflexions sur un projet commercial ou sur une campagne de communication, impressions jetées sur le papier à la

---

1. Enquête Opinion Way pour Rosa Park (Havas), effectuée les 29 et 30 avril 2020 auprès de 1 027 personnes âgées de plus de 18 ans.

sortie d'une exposition ou après avoir fini un livre... Les contenus sont variés et parfois agrémentés de croquis amicalement déposés par des auteurs de B.D. croisés autour d'un café. J'y dépose aussi des relevés d'expérience et les préconisations qu'en assemblée générale ou dans mes rapports quotidiens je suggérerai à nos adhérents.

J'ai voulu écrire ce livre pendant que la mémoire est encore fraîche, parce que notre secteur professionnel aura été au cœur d'une crise d'une ampleur inégalée et qu'il me semble intéressant d'en narrer les coulisses, mais aussi de réfléchir à ce que ce choc va changer sur la façon dont les Français vont faire leurs courses.

Alexandre Tuaillon fut directeur adjoint de l'Institut de relations internationales et stratégiques (IRIS) avant de rejoindre E. Leclerc, à ma demande, il y a huit ans. Il s'efforce aujourd'hui, au sein de l'association, d'analyser les enjeux sociétaux et participe à l'actualisation de la stratégie de l'enseigne. Ensemble, nous nous efforçons de maintenir le dialogue avec les élus et les influenceurs socio-économiques, afin de leur expliquer les enjeux de la distribution et de leur présenter nos actions. Nous échangeons plusieurs fois par jour et nous avons très vite senti que, depuis notre poste d'observation, il pouvait être utile de raconter ce que fut l'engagement quotidien de toutes ces femmes et de tous ces hommes qui, chefs d'entreprise ou salariés, ont œuvré durant toute la crise avec pour seule motivation de vouloir être utiles au pays.

Nous ne serons ni les premiers ni les derniers à traiter de la Covid-19 en 2021, et il suffit d'entrer dans n'importe quelle bonne librairie, qu'elle se nomme *L'Arbre à lettres*, *Folies d'encre*, *Le Furet du Nord*,

Espace culturel E. Leclerc, FNAC ou *Cultura*, pour s'en apercevoir ! Mais de même que Martin Hirsch l'a narré passionnément pour l'Assistance publique des Hôpitaux de Paris[1], je crois que, derrière les anecdotes et les petites histoires, il y a matière à analyser la mécanique d'une résilience collective qui peut aussi donner de l'espoir, alors que notre pays s'achemine vers une crise économique inégalée.

Michel-Édouard Leclerc
Ivry-sur-Seine, le 18 février 2021

---

1. Martin Hirsch, *L'Énigme du nénuphar : face au virus*, Stock, 2020.

Première partie

Éviter la pénurie

En ce début mars 2020, les soignants alertent et crient leur manque de moyens pour gérer la crise sanitaire en gestation. Pourtant, le 6 mars, Brigitte et Emmanuel Macron vont au théâtre et le président veut rassurer les Français : « La vie continue. Il n'y a aucune raison, mis à part pour les populations fragilisées, de modifier nos habitudes de sortie[1]. » Les acteurs du monde culturel se souviendront de ce propos quand on leur imposera de rester fermés !

Malgré ce discours volontariste, la France commence à s'inquiéter. Les « clusters » entrent dans notre vocabulaire, désignant ces groupes d'individus qui ont contracté la maladie et sont placés en quatorzaine : Contamines-Montjoie, Mulhouse, Crépy-en-Valois puis tout le département de l'Oise... Doucement, le virus gagne du terrain. Mais ce sont des cas très particuliers, des situations isolées : des militaires revenus de missions lointaines, des voyageurs de retour d'Asie, des fidèles s'étant un peu trop mélangés le temps d'un week-end... chacun se persuade qu'il n'a pas le « profil » de ces malades. Méthode Coué ? Le décès d'un

---

[1]. « Emmanuel et Brigitte Macron au théâtre pour inciter les Français à sortir malgré le coronavirus », BFM TV, 7 mars 2020.

enseignant de Crépy-en-Valois vient toutefois semer le trouble dans ces certitudes.

Le 10 mars se tient une réunion au ministère de l'Agriculture et de l'Alimentation, autour du ministre de l'époque, Didier Guillaume, et de sa collègue, secrétaire d'État à l'Économie, Agnès Pannier-Runacher. Organisée à la demande de Richard Girardot, le président de l'Association nationale des industries alimentaires (ANIA), la réunion regroupe des industriels, des distributeurs et des hauts fonctionnaires. Ordre du jour : les approvisionnements. L'alerte est donnée : si les cantines viennent à fermer, il faudra vendre plus de repas à domicile et, mécaniquement, les achats en magasin vont exploser. La tension n'en sera que plus grande sur la chaîne d'approvisionnement. On anticipe des problèmes de transport, de stockage, et donc des risques de rupture en magasin. Qu'on en juge : les ventes de pâtes ont déjà explosé (+ 200 % en quinze jours !), ce qui suscite des craintes, car les usines en Italie sont fermées ou tournent au ralenti. Certains industriels commencent d'ailleurs à réduire leurs gammes ; finies les cinquante nuances de pâtes, il faut produire vite et en masse pour répondre à la demande. Alors, ce sera *nouilles pour tout le monde* ! L'enjeu immédiat consiste à calmer les peurs, afin de ne pas encourager le sur-stockage. Avec d'autres distributeurs, je m'attacherai à porter ce message les jours suivants.

Durant cette discussion émerge un sujet majeur de préoccupation : les masques. Les pouvoirs publics insistent sur la nécessité d'équiper les soignants en priorité. Industriels et distributeurs aussi. L'ANIA rappelle les strictes conditions sanitaires à appliquer sur les chaînes de fabrication afin d'éviter la contamination des productions alimentaires. La grande distribution s'inquiète, parce que les clients et les salariés se côtoient dans un même espace. Des consignes gouvernementales plus claires sont attendues.

Illustration de l'état d'esprit des décideurs à ce moment-là, le ministre de l'Agriculture évoque, en fin de réunion, la situation transalpine ; l'Italie vient en effet de décréter un confinement généralisé. Il parle de *sabordage* du pays. Le jugement est sévère. On n'est pas encore dans le discours de la guerre. Et pourtant, deux jours plus tard, le président de la République annoncera la fermeture des écoles, prémices du confinement généralisé de notre pays...

Un dimanche à Bercy

Samedi 14 mars. Je reçois un SMS du ministre de l'Économie et des Finances, Bruno Le Maire : « Bonsoir Michel-Édouard, je fais une réunion demain, à 11 h 30, à Bercy. C un peu la panique en France. Important que tu sois là en personne. Amitiés. Bruno. » Rarement un ministre en exercice se fend d'un SMS personnel d'invitation. Qu'est-ce qui justifie cette accélération, alors même que les élections municipales du lendemain ont été maintenues ? Si c'était vraiment très grave, on les aurait reportées, non ?

J'ai la réponse quelques minutes plus tard sur mon écran de télévision. Édouard Philippe, le Premier ministre, prend la parole et annonce le basculement : « J'ai donc décidé, jusqu'à nouvel ordre, la fermeture, à compter de ce soir, minuit, de tous les lieux recevant du public non indispensables à la vie du pays. Il s'agit notamment des restaurants, cafés, cinémas, discothèques. [...] Il s'agit également de tous les commerces à l'exception des commerces essentiels. » La décision est soudaine, brutale. Le choc est rude. Je reçois des SMS d'amis restaurateurs, ébahis par la décision. On ne leur laisse absolument aucun délai pour se retourner. C'est un drame professionnel.

Étrange revirement. Depuis 2017, le gouvernement et sa majorité n'ont affiché que critiques et reproches à l'encontre de la grande distribution. Et voilà que, par l'intercession d'un virus, nous accédons au statut d'*activité essentielle* pour la Nation. Ce moment de grâce ne durera pas, alors sachons apprécier cette reconnaissance soudaine, malgré les circonstances dramatiques !

La réunion du dimanche matin à Bercy est utile tant pour se coordonner entre producteurs et distributeurs, que pour donner au public l'image de la mobilisation générale. Je relève le calme de Bruno Le Maire et sa rigueur dans le traitement du sujet. Du fait de la fermeture des cantines et des restaurants, on annonce quotidiennement 12 millions de repas supplémentaires dans les foyers. Cela donne une idée de la pression qui va s'exercer sur la chaîne alimentaire et cadre la discussion : il faut être dans le concret. Chacun des participants énumère les points à clarifier, pointe les obstacles. Bruno Le Maire et son équipe répondent du tac au tac. Quand ils ne peuvent pas, ils promettent de revenir quelques heures plus tard avec les précisions attendues, ce qui sera presque systématiquement le cas. Une question de droit social ? Le Maire décroche son téléphone et sa collègue ministre du Travail, Muriel Pénicaud, apporte, au pied levé, les précisions attendues et prend des engagements sur les modifications nécessaires. Belle efficacité. Tous les distributeurs pourront en attester, il en sera ainsi pendant toute la gestion de la crise.

À la fin de la réunion, le ministre veut « sa » photo. Voilà toute la distribution française qui entoure Agnès Pannier-Runacher, Bruno Le Maire et Didier Guillaume, devant une haie de caméras et de photographes. Je me retrouve aux côtés d'Alexandre Bompard (Carrefour),

Thierry Cotillard (Intermarché), Friedrich Fuchs (Lidl), Jean-Charles Naouri (Casino), Dominique Schelcher (Système U), Richard Girardot (industries agroalimentaires) et Stéphane Layani (marché de Rungis). Quelques journalistes focaliseront, à cette occasion, sur l'absence de femmes sur le podium. C'est évidemment une réalité. Mais l'important pour l'heure, c'est le message d'unité de professionnels qui s'engagent : il n'y aura ni pénurie ni rationnement. Quand on regarde la photo de cette conférence de presse aujourd'hui, on y voit huit bonshommes qui se serrent sur une étroite estrade, agglutinés sans masque, derrière le ministre ! Preuve que personne n'a encore vraiment pris toute la dimension du drame sanitaire qui se joue...

Cette réunion m'a ébranlé, et il me faut tout de suite échanger avec les dirigeants de la coopérative. Je suis alors convaincu que médias et réseaux sociaux vont jouer un rôle d'accélérateur. Dès lors, je publie un post sur Facebook destiné à rassurer les consommateurs sur l'état des stocks. Et pour qui sait décrypter, ce message direct est vu et partagé par plus de 1,3 million de personnes en quelques heures. La préoccupation des Français est vive et c'en est une illustration. Les médias traditionnels ne s'y trompent pas. Le rédacteur en chef de France 2 m'invite sur le plateau de leur émission spéciale à 19 heures afin de commenter cette nouvelle vie qui commence pour les Français. Je sais que pour beaucoup, je suis le « visage » de la grande distribution. Il y a tellement de questions encore sans réponse, donc des coups à prendre... mais je ne peux pas me défiler, quand bien même cela donnera des boutons à Michel Onfray[1] ! Je rejoins les studios, après

---

1. Michel Onfray, *La Vengeance du pangolin*, Robert Laffont, 2020.

un détour par le bureau de vote. En arrivant à France Télévisions, je suis marqué par un geste inattendu : le vigile pointe un thermomètre laser sur mon front... et tous les techniciens présents sur le plateau portent des masques. Cela crée une atmosphère de science-fiction. Bruno Le Maire est présent, ainsi que la professeure Karine Lacombe et le docteur Michel Cymes. Chacun joue sa partition : aux médecins les alertes et la pédagogie des gestes barrières, aux politiques la gravité et la réassurance. Pour ma part, je tente de calmer les craintes sur les stocks alimentaires, les problèmes de logistique... mais j'ai conscience que le message qu'on attend de moi ne va pas passer si facilement !

Il y a de la bouffe jusqu'à l'été !

C'est l'un des paradoxes de cette crise. Alors qu'au plan sanitaire, les Français ne semblent pas encore prendre toute la mesure de la pandémie qui s'étend, c'est sur le terrain de leur consommation que l'on peut percevoir les premiers signes de leur fébrilité. Depuis quelques jours (fin février, début mars), ils se mettent à acheter beaucoup. Et ils sont de plus en plus nombreux à le faire. Sur les réseaux sociaux, les images de rayons vides tournent en boucle. Parfois, ce ne sont même pas des photos de supermarchés français, mais tout est bon pour nourrir la psychose ! Les adhérents E. Leclerc me signalent un peu partout des effets de peur, des chariots pleins à craquer, des bousculades dans les allées... La prophétie devient autoréalisatrice : « on » dit qu'il va y avoir des pénuries, alors il faut se précipiter pour acheter des pâtes, du riz... et du papier toilette ! Les salariés ne pouvant réapprovisionner les rayons aussi vite qu'ils se vident, cela alimente le fantasme de la pénurie et crée de la tension. En urgence, les directeurs de magasins doivent renforcer les services de sécurité, improviser des files d'attente, doubler les postes en caisse. Les employés commerciaux, chargés de la mise en rayon, demandent qu'on les protège : ils ont peur de la proximité avec trop de clients, alors que les masques se font rares. Il faut trouver les mots, rasséréner les équipes. Des collègues trouvent une parade et changent les horaires de travail, afin que les employés viennent recharger plus sereinement les linéaires en pleine nuit, plutôt que de le faire en journée au milieu des cohues.

Le 11 mars, je suis invité par Jean-Jacques Bourdin sur RMC. Il faut faire baisser la pression sur les équipes en magasins et dissuader les Français de faire des stocks. Je comprends que nos messages depuis quelques jours sont insuffisants. On est inaudibles face à cette immense vague d'angoisse collective qui monte. Bourdin a de l'audience. Il me faut trouver une formule qui fasse mouche, au risque d'être un peu cash : « Il y a de la bouffe jusqu'à l'été ! » Au moment où je prononce ces mots, je pense à ma chère maman, partie l'été précédent, qui m'appelait toujours après une interview quand elle trouvait que mon vocabulaire avait été trop trivial. Elle m'aurait sûrement pardonné cet écart de langage, car il fallait frapper fort. Toute la journée, cet extrait circulera sur les réseaux sociaux et dans les médias. Le message est passé.

Mais la décision du président de la République de fermer les écoles à partir de lundi 16 mars alimente de nouveau la crainte de pénurie. Les clients affluent en magasin. Dans toutes les enseignes, le commentaire est le même : « C'est comme une veille de Noël... mais sans l'ambiance ! » Je me dis qu'on est partis pour vivre une période folle.

Le 17 mars, je visionne, sur le site internet du *Parisien*, la vidéo d'une bagarre entre clients devant le centre E. Leclerc de Viry-Châtillon, quelques heures avant que ne commence le confinement. Dans la cohue surgit un grand gaillard que je reconnais tout de suite malgré son masque : c'est Thierry Jodet, le patron du magasin. Il s'interpose, sépare les clients, puis les engueule vertement. Il interpelle, remet de l'ordre dans la file d'attente, le calme revient. Je suis admiratif de son implication. À travers lui, je pense à tous nos salariés et à tous nos adhérents qui, comme lui, vont mouiller le maillot, avec courage, pendant des semaines.

Face à ces situations quasi émeutières, et puisqu'on vit dans la société du spectacle, il faut nourrir, tous les jours, le scénario de l'apaisement. Je sens qu'il faut « montrer » les stocks, pour rassurer. C'est Pascal Beaudoin, le président de la coopérative régionale Paris-Nord, qui s'y colle. Il fait visiter ses entrepôts à partir de son smartphone et démontre, image à l'appui, qu'on a encore des quantités incroyables de pâtes et de riz. L'effet visuel et l'implication d'un dirigeant, qualifié de gestionnaire, font le job. Son discours est clair : « On a habituellement un mois d'avance en stock et là on a créé un deuxième stock de quinze jours supplémentaires. » Sa vidéo sera reprise par de nombreux médias et cumulera près d'un million de vues sur Internet. Il y a une attente, un besoin de voir et de savoir, et l'audience de cette publication le démontre. Je décide que c'est ainsi qu'il faut alimenter le Net, et je le ferai alors quotidiennement.

Mardi 17 mars. Il est midi. Finies les cohues en magasin. Les allées se vident. La France s'installe dans le confinement. Plus de 3,9 milliards de personnes, soit la moitié de l'humanité, vont faire de même dans les jours qui suivent.

La bataille mondiale des masques

De l'(in)utilité des masques

Le 3 mars, Emmanuel Macron annonce sur Twitter : « Nous réquisitionnons tous les stocks et la production de masques de protection. Nous les distribuerons aux professionnels de santé et aux Français atteints par le coronavirus. » Selon un rapport de l'Assemblée nationale, l'État en réquisitionnera ainsi une centaine de millions et en achètera près de 5 milliards avant la fin mai[1]. Les Français découvrent alors que leur grand pays, puissance économique mondiale dotée d'un système de santé supposé robuste, est en pénurie de masques... c'est un choc pour beaucoup.

Au fur et à mesure que la France entre dans la crise, il faut gérer en magasin les remarques des salariés – et des clients – sur l'absence de masques. Dès le début de la crise, nous interpellons les pouvoirs publics sur la nécessité de nous laisser en acheter pour protéger nos personnels. Mais la pénurie mondiale ne plaide pas en notre faveur.

---

1. Rapport d'information sur l'impact, la gestion et les conséquences dans toutes ses dimensions de l'épidémie de coronavirus-Covid 19, 3 juin 2020, p. 91 et suiv.

Et puis les autorités sanitaires sont catégoriques : il est inutile de porter des masques quand on n'est pas soignant. Le 27 janvier, Agnès Buzyn, alors ministre de la Santé et des Solidarités, affirme que le port du masque pour se protéger du virus est « totalement inutile ». Sur France 2, le 4 mars, Olivier Véran, son successeur, est tout aussi catégorique : « Les masques doivent être portés dans des situations spécifiques, recommandées par votre médecin. » Régulièrement interpellé sur le sujet, le directeur général de la Santé, Jérôme Salomon, répète, lors de ses points presse quotidiens, qu'il est « inutile de porter un masque si l'on n'est pas malade », notamment car celui-ci peut générer un « faux sentiment de sécurité[1] ». La porte-parole du gouvernement, Sibeth Ndiaye, pousse le bouchon très loin, le 20 mars, sur BFM TV : « Vous savez quoi, je ne sais pas utiliser un masque. Je pourrais dire "je suis ministre, je mets un masque". Mais en fait, je ne sais pas l'utiliser. Ce sont des gestes techniques précis. » Il lui sera longtemps reproché cette sortie exagérée.

Le discours officiel vise à délégitimer le port du masque pour les non-soignants. Et c'est sur la base de ces déclarations officielles et répétées que le dialogue se noue avec les personnels et leurs représentants dans les entreprises restées ouvertes. On bossera donc sans masques ! D'où l'idée de vitres en Plexiglas pour isoler les stands de produits frais et les postes de caisse. L'opération sera menée en trois ou quatre jours. Un exploit ! Dans l'intervalle, certains magasins isolent leurs fronts de caisses avec du film alimentaire, des bâches – j'ai même vu des toiles de tente ! –, tandis

---

1. *L'Obs*, 23 mars 2020.

La bataille mondiale des masques

que d'autres érigent des barrières avec des packs d'eau pour tenir le client à distance.

Le 20 mars, Bruno Le Maire annonce qu'il sera désormais possible d'acheter des masques pour équiper les salariés des entreprises ouvertes, à condition de ne pas concurrencer l'État (pas de recours aux fabricants français, ainsi qu'à un certain nombre de fournisseurs chinois dont la liste nous est fournie). Les quantités à importer sont également limitées à cinq millions. Au-delà, les réquisitions par l'État sont possibles.

La course contre la montre est alors lancée. Sur la base de deux à trois masques par jour et par collaborateur, les chiffres donnent le tournis : il faudra en fournir 360 000 chaque jour pour la seule enseigne E. Leclerc ! Les Français ne sont pas les seuls au monde à vouloir des masques. Les approvisionnements sont tendus. Il faut créer des filières ex nihilo. Dans un geste de solidarité, Intermarché, qui va recevoir sa première cargaison plus vite qu'E. Leclerc, propose de nous faire l'avance de 500 000 masques. Le geste est fort. Leclerc les réapprovisionnera quelques jours plus tard.

Géopolitique des masques

À l'occasion de la crise de la Covid-19, le monde entier a « découvert » son extrême dépendance à l'Asie. Respirateurs, médicaments, réactifs et masques proviennent massivement d'Inde et de Chine. La réouverture progressive des usines chinoises a lieu au moment où le reste du monde atteint les « pics de contamination ». Les capacités de production quotidienne de la Chine passent ainsi de 20 millions de masques en février 2020 à 116 millions en avril[1]. Il faut toutefois un peu de temps aux Chinois pour remettre les machines en route. Sans compter que le gouvernement chinois change les normes des masques à plusieurs reprises, rendant parfois obsolètes certains lots fraîchement produits.

Pénurie d'offre, forte demande mondiale... les ingrédients sont réunis pour lancer la guerre des masques. Les demandes affluent de toutes parts et, pour les fabricants, c'est le loto tous les jours ! Ils posent leurs conditions : il faut verser des millions d'euros d'avance, sinon la commande n'est pas traitée. Pour les clients, c'est la roulette russe. C'est le *Far East*. En Asie, cependant, la fièvre ne porte pas sur l'or mais sur le polypropylène, cette fibre qui sert à fabriquer des masques chirurgicaux !

Les équipes d'achat à l'international d'E. Leclerc ont beau être rodées, elles plongent au cœur d'un scénario digne d'une incroyable série Netflix. Pendant plusieurs jours, elles vont se battre, jour et nuit, pour acheter ces précieux bouts de tissu, jouant, tour à tour, auprès des fournisseurs chinois, de la pression, de la menace et de la supplication. La situation est totalement inédite. Fin avril, alors qu'on attend la confirmation du départ d'une commande, Shanghai ne répond plus. Après plusieurs heures de black-out, le fournisseur informe que le deal ne tient plus : sur le tarmac, des Saoudiens viennent de racheter notre cargaison ! Un autre jour, l'avion-cargo qu'on attend à Roissy n'est pas là. On s'inquiète, avant d'apprendre qu'il a finalement atterri... en Belgique !

---

1. « Coronavirus : ces masques que les pays s'arrachent », *Les Échos*, 1er avril 2020.

En parallèle, il faut faire le tri dans les centaines de propositions généreuses (et souvent farfelues !) de fournisseurs soudainement reconvertis dans l'import-export de masques.

La bataille des masques ne se joue pas qu'en Asie. Le 7 mai 2020, plusieurs collectivités locales de Seine-Saint-Denis et de Seine-et-Marne annoncent qu'un camion contenant des dizaines de milliers de masques a été braqué à la frontière espagnole[1]. Pour protéger les marchandises, il est décidé d'utiliser des camions qui ne portent pas le logo d'E. Leclerc, et les horaires de livraison deviennent confidentiels.

Avec un peu d'incrédulité, les Français voient leurs responsables politiques se déchirer sur le sujet, comme ce 5 avril, où des soldats français saisissent, sur le tarmac de l'aéroport de Bâle-Mulhouse, des millions de masques destinés à la région Bourgogne-Franche-Comté et au département des Bouches-du-Rhône.

---

1. « 500 000 masques destinés à des communes de Seine-Saint-Denis volés à la frontière espagnole », *Le Parisien*, 7 mai 2020.

Les masques de la colère

Contrairement aux idées reçues, la vente de masques au grand public a longtemps été absente des discussions dans les cellules de crise avec Bercy. L'État l'avait interdite, les distributeurs n'en parlaient pas. Chacun était focalisé sur l'équipement (longtemps impossible) des personnels.

Le 13 avril 2020, Emmanuel Macron change la donne en annonçant une première étape du déconfinement, qu'il fixe pour le 11 mai. Il laisse à ses ministres le soin de mobiliser les moyens nécessaires pour que cet objectif soit tenu. Les écoles et les crèches vont rouvrir, le retour au bureau de millions de travailleurs doit être préparé. Le sujet des masques grand public émerge alors immédiatement. Pour distribuer des masques en grande quantité en un temps record, la logistique de la grande distribution semble la plus efficace. Partout dans le monde, les masques sont sur les étals des marchands. Il n'y a qu'en France que cela semble poser un problème.

Le 15 avril, Federgy, la chambre syndicale des groupements et enseignes de pharmacie, et l'Union des groupements de pharmaciens d'officine (UDGPO) « annoncent que leurs adhérents vendront "sans délai" des masques chirurgicaux à la population[1] ». Cette décision rompt le consensus de gratuité jusque-là porté par la profession.

Le 28 avril, Édouard Philippe annonce à l'Assemblée nationale qu'il autorise finalement les supermarchés à vendre des masques au grand public. C'est alors une course contre la montre pour approvisionner les magasins. Tout de suite, on s'inquiète des conséquences d'une telle annonce, non coordonnée. Le risque est que les Français se ruent en magasin, alors même que nous n'aurons pas ou peu de marchandise. Sans se concerter, mais conscients de la nécessité de ne pas susciter de cohues en magasin dès le 4 mai, chaque distributeur va essayer de rassurer les Français. Invité sur RMC Info le 30 avril, j'annonce que nous avons « sécurisé » 170 millions de masques et précise : « Ils arrivent par avion, le gros arrivera fin mai. » Alexandre Bompard, de son côté, annonce que Carrefour a commandé 225 millions de masques, tandis que Thierry Cotillard, pour Intermarché, évalue ses commandes à 100 millions...

Sécuriser l'approvisionnement, donner les chiffres des commandes au risque que cela apparaisse, finalement, comme une surenchère, tout cela n'a qu'un seul but ; éviter la précipitation en disant aux Français : « Pas de panique, il y en aura pour tout le monde. » Il faut faire preuve d'une énorme mauvaise foi pour ne pas comprendre que les commandes ne sont pas encore arrivées. C'est pourtant ce que va s'ingénier à faire toute une foule de complotistes attisée par un Ordre des pharmaciens décidé à régler quelques comptes avec

---

1. « Vente de masques au public : les groupements se lancent », *Le Quotidien du pharmacien*, 15 avril 2020.

Les masques de la colère 43

la grande distribution. Il m'a fallu quelques jours pour comprendre ce qui s'est joué et découvrir les vrais ressorts de cette mauvaise polémique aux motivations plus commerciales que sanitaires.

Le 30 avril, je suis alerté : un communiqué de l'Ordre national des pharmaciens dénonce la vente de masques dans la grande distribution. Le titre est facile, mais bien trouvé : « Les masques tombent[1] ». La suite du texte est à vomir : « Aujourd'hui, la consternation s'allie au dégoût. Toute guerre a ses profiteurs. C'est malheureusement une loi intangible de nos conflits », et, très hypocritement, le communiqué de rajouter : « Nul n'aurait reproché à des circuits de distribution grand public de distribuer des masques grand public. C'était là un complément essentiel qui serait venu compléter utilement l'arsenal de défense contre le virus [...] ; derrière le masque, se trouve le vrai visage. Nous, nous garderons celui de la dignité. Celui-ci ne se retrouvera dans aucun rayonnage. » L'attaque est violente, exagérée et totalement injuste. Je décide de ne pas y répondre. Les médias ne relaient pas, je ne vais pas mettre en lumière ce torchon. Sur WhatsApp, les patrons de la distribution échangent. Colère unanime.

Mais au moment où je lis ce communiqué, je passe à côté de deux choses qui vont se révéler être de petites bombes médiatiques : d'abord, le communiqué est cosigné par la plupart des ordres professionnels de santé (médecins, infirmiers...) qui se sont fait embarquer dans cette piteuse dénonciation. À l'heure où les Français – y compris moi – applaudissent les soignants le soir à la fenêtre, c'est explosif. On voudrait

---

1. http://www.ordre.pharmacien.fr/content/download/500436/2275475/version/2/file/CP-CLIO-sant%C3%A9-masques.pdf

opposer le corps médical aux épiciers ? En tout cas, je sous-estime le poison qui va infuser pendant quelques heures sur les réseaux sociaux. Au cœur du futur buzz, cette insinuation : « Où étaient ces masques quand nos médecins, nos infirmiers, nos pharmaciens, nos chirurgiens-dentistes, nos masseurs-kinésithérapeutes, nos pédicures-podologues, nos sages-femmes mais aussi tous nos personnels en prise directe avec la maladie tremblaient et tombaient chaque matin ? Comment nos patients, notamment les plus fragiles, à qui l'on expliquait jusqu'à hier qu'ils ne pourraient bénéficier d'une protection adaptée, vont-ils comprendre que ce qui n'existait pas hier tombe à profusion aujourd'hui ? »

L'affaire prend de l'ampleur dans l'après-midi du 1er mai. Le communiqué prospère sur fond de théorie du complot : les distributeurs « auraient » des *stocks cachés* ! Comme une traînée de poudre, ce truc va tourner en boucle et monter en puissance. Mon compte Twitter s'affole, les commentaires sur Facebook et sur LinkedIn commencent à se focaliser sur cette histoire. Je reçois des dizaines de SMS d'amis, de collaborateurs et de politiques : « Tu as vu ? », « c'est vrai cette histoire ? »... Je vois que la Ligue contre le cancer commence à s'émouvoir. Le Mouvement E. Leclerc est le premier partenaire privé de la Ligue finançant, depuis des années, un programme d'action sur le cancer des adolescents. Il n'est pas question de laisser cette polémique entamer la relation de confiance que nos deux organisations ont su nouer. J'appelle son président, Axel Kahn, pour lui donner notre part de vérité. Il comprend rapidement ce qui se joue et n'en rajoutera pas à cette mauvaise polémique.

Durant une partie de la nuit, j'échange avec les équipes d'E. Leclerc pour évaluer la portée de l'attaque, puis nous décidons de nous retrouver pour préparer la riposte. C'est très compliqué de démentir une rumeur. Les avocats connaissent ce cas d'école : comment prouver qu'on n'a pas fait quelque chose ?

On tombe rapidement d'accord, il faut faire une vidéo, c'est plus impactant et on pourra dérouler notre argumentation sans être interrompus par des questions qui cherchent la polémique. Le samedi matin, nous voilà donc au siège, à Ivry-sur-Seine, dans ce grand bâtiment déserté. On fait plusieurs prises, on choisit un cadre sobre (le bureau) et on peaufine les phrases pour muscler le propos : *une campagne dégueulasse ; il y aurait des stocks cachés, mais c'est de la connerie tout ça !* Notre obsession, à ce moment-là, c'est la phrase coupée, sortie de son contexte, qui rallumerait la polémique. Alors on fait attention à tout. En fin de journée, c'est enfin fini. La vidéo est prête. Soudain, au moment du contrôle final avant publication, on s'aperçoit que, sur certains plans, je triture un masque chirurgical lorsque je parle. Est-ce que ça ne va pas mettre le feu aux poudres ? On imagine déjà l'attaque ! Tant pis, il est trop tard, on balance la vidéo sur mes réseaux sociaux. En quelques heures, plus de 3,2 millions de vues sur Facebook, 10 000 commentaires et 24 000 partages... le sujet passionne ! Reprise par de nombreuses télévisions et radios, la vidéo fera le buzz. Enfin, on va cesser de nous faire passer pour des salauds. Messages de mes confrères Thierry Cotillard et Dominique Schelcher, contents de l'initiative. J'ai le sentiment d'avoir réussi à déminer le sujet.

Entre deux prises, je passe quelques coups de téléphone à des élus. En effet, demain, c'est dimanche, jour des émissions politiques. Les invités vont sûrement être questionnés sur ce sujet, et je veux éviter qu'ils ne relaient le discours des pharmaciens, sans avoir entendu, préalablement, nos arguments. Certains politiques pourraient être tentés de se servir de cette infox des stocks cachés pour tailler quelques croupières à Édouard Philippe, et ça m'ennuierait qu'on prenne une balle perdue. J'appelle la ministre Agnès Pannier-Runacher, puis Roland Lescure et Sophie Primas, tous deux présidents de la commission des Affaires économiques, respectivement à l'Assemblée nationale et au Sénat. Je passe un coup de fil à Christian Jacob, le président de l'UMP, Xavier Bertrand, le président des Hauts-de-France, et à Anne Hidalgo, la maire de Paris... Le député Matthieu Orphelin (Écologie, Démocratie, Solidarité) m'envoie un message privé *via* Twitter. Il veut des explications avant de répondre à la presse. On s'appelle et je réponds à ses questions. C'est un parlementaire, proche de Nicolas Hulot, et j'imagine qu'il n'aime pas trop mon secteur d'activité, mais il a toujours été d'une grande rigueur intellectuelle. Avant de cogner, il cherche à comprendre. À la fin de notre échange, il décide de ne pas surréagir à cette mauvaise polémique et m'informe qu'il fera état publiquement de notre conversation, comme à chaque fois qu'il parle avec un chef d'entreprise. Réglo.

De leur côté, les Insoumis s'en donnent à cœur joie. Interrogé par l'AFP, Jean-Luc Mélenchon se dit « écœuré » et demande illico la gratuité des masques, tandis que sa collègue députée, Mathilde Panot, évoque sa « nausée » avec « ces masques qui apparaissent comme par enchantement alors que le personnel soignant en manquait ». La sénatrice Nathalie Delattre (Mouvement radical, social et libéral) demande la création d'une commission d'enquête parlementaire (une de plus !) et s'interroge : « De deux choses l'une, soit la grande distribution a une puissance de frappe infiniment supérieure à celle de l'État et a réussi à se procurer autant de masques en si peu de temps, et dans ce cas-là la commission devra faire toute la lumière sur les insuffisances de la chaîne de décision nationale. Soit la grande distribution se moque de la santé du peuple français et devra répondre à cette question : combien de vies auraient pu être épargnées si ces stocks avaient été distribués plutôt que d'être stockés en attendant d'être vendus ! » Aucun de ces personnages publics ne se fendra d'un coup de téléphone préalable, ne serait-ce que pour s'informer, auprès d'un Auchan ou d'un Casino local, de la réalité de la situation.

Comment qualifier aussi les propos de Renaud Muselier, le président de la région Provence-Alpes-Côte d'Azur ? Certes, c'est un sujet sensible pour lui. Le mois précédent, il s'est fait piquer des masques par le ministre de l'Intérieur Christophe Castaner ! Mais il y a des limites. Je découvre qu'il enjoint les enseignes à « bien vouloir justifier des bons de commande de ces masques, ainsi que les justificatifs de livraison de ces articles avec leur date[1] ». Il annonce, à grand renfort de communiqués de presse, avoir missionné son avocat pour porter plainte ! J'ai connu Renaud Muselier il y a trente ans et je suis furieux de voir qu'il va se servir de nous pour régler ses comptes avec Emmanuel Macron. Je retrouve son téléphone et l'appelle. On s'explique assez directement et vertement, mais son combat est ailleurs, et tant pis si on est pris dans un tir croisé. Qu'il enrage parce que les hôpitaux et les Ehpad de sa

---

1. « Masques dans la grande distribution : le président de Paca, Renaud Muselier, met en demeure les enseignes », *Le Journal du dimanche*, 2 mai 2020.

région ne disposaient pas de masques en nombre suffisant durant le pic de la crise, je l'entends. Mais qu'il cherche à accuser la distribution, qui se montre réactive et disponible pour aider qui le demande, ça me rend dingue. Après tout, ça fait bientôt six ans qu'il est président de région, alors qu'est-ce qu'il a fait, lui, depuis tout ce temps, pour renouveler son stock de masques ? Renaud Muselier rejouera la scène de l'indigné, fin septembre 2020, sur LCI : « J'ai les preuves et je suis sûr que ceux qui savent que j'ai les preuves doivent se méfier de ce que je suis susceptible de faire[1]. » S'il veut vraiment vérifier, le Sénat dispose, depuis la fin août, de toutes les informations sur ces approvisionnements, fournies par tous les distributeurs (bons de commandes, dates, quantités et destination, etc.). On est en pleine comédie...

Ah ! Vous parlerais-je aussi de toutes ces personnes qui se sentent investies d'une mission de contrôleurs, en exprimant les exigences les plus folles ? Le 2 mai, un adhérent reçoit l'appel d'un pharmacien du coin qui lui annonce venir dans la matinée pour lui acheter tous ses masques. Il précise qu'il sera accompagné d'un huissier, chargé de constater un éventuel refus de vente. Il ne viendra jamais. Sur Twitter, un avocat en recherche de notoriété se sent légitime pour « exiger » qu'E. Leclerc lui fournisse ses bons de commande ainsi que les procès-verbaux de dédouanement. Le 4 mai, sur CNews, un « entrepreneur » accuse la grande distribution de faire du fric sur les masques : « Ils font une marge de quatre sur notre maladie ! » assène-t-il. Et d'ajouter : « Moi, j'adorerais être Intermarché aujourd'hui, et que les gens soient malades, et que je puisse en profiter. »

---

1. « En toute franchise », LCI, 27 septembre 2020.

Heureusement, ce sont les médias eux-mêmes qui vont apporter les preuves nécessaires. Le 4 mai, il me suffit de publier les unes de la presse régionale : « Le masque se fait rare dans les points de vente », dénonce *Le Télégramme* ; « En Alsace, la vente de masques démarre timidement », constate France 3 Grand-Est. *La Nouvelle République* titre, quant à elle : « Pas de masques en vente à Loches », etc.

Il faut enfoncer le clou. Puisque seule l'image vaut preuve, je décide de faire filmer l'arrivée d'un avion à Roissy. La scène mériterait sa place dans *Largo Winch* : 15 millions de masques arrivent dans un avion qatari. Le monde entier chassant les masques, les compagnies de fret aérien sont aussi en surchauffe. Ainsi, devant moi, affrété par Bolloré Logistics, c'est un avion de ligne reconverti (les sièges passagers ont été enlevés à la hâte pour fixer des palettes sur rails) qui débarque la précieuse marchandise. Tout cela se passe sous la surveillance d'une sympathique compagnie de gendarmes et de policiers de l'air, mobilisés en nombre, sur une aire de fret déserte. Plus d'un million d'internautes visionneront ce débarquement. Malgré cela, la polémique ne s'éteindra que quelques jours plus tard, et encore...

Franchement, que l'Ordre des pharmaciens ait cru intelligent d'alimenter cette mauvaise histoire, aux seules fins de masquer sa propre incurie sur sa stratégie d'approvisionnement, est assez pitoyable. On ne joue pas sans risque avec les ressorts du complotisme.

Des masques à tout prix !

Le grand public pouvant désormais acheter des masques, c'est alors le prix qui va faire polémique. En raison des petites quantités disponibles à la vente le 4 mai, il faut rationner. La direction qualité du groupement opte pour une méthode de « délotage », permettant de constituer des pochettes de cinq ou dix masques à partir d'une boîte de cinquante. Le but est de servir un maximum de clients. L'affaire n'est pas simple, il faut respecter des règles d'hygiène très strictes. Découvrant le protocole sanitaire, nombre de magasins préfèrent d'ailleurs reculer et vendent des boîtes entières. Ils seront à sec dès le milieu de la matinée. Chacun gère comme il peut.

Dans ce contexte, le gouvernement a fixé un prix *maximal* de vente pour un masque qui nous semble exagéré : 0,95 €. Certes, le coût d'approvisionnement n'a rien à voir avec celui qui prévalait en début d'année, mais il y a des limites ! Nous nous engageons, de notre côté, à les vendre à prix coûtant, c'est-à-dire sans faire de marge commerciale sur la vente. Une telle annonce nous place dans des obligations juridiques très contraignantes, mais il faut s'épargner une nouvelle polémique.

Selon les fournisseurs, les cargaisons et les coûts de transport, le coût moyen unitaire va osciller entre

0,45 et 0,65 €. Bien au-dessous du prix maximal fixé par le gouvernement. Et pourtant, les critiques fusent : *trop cher* !

De nouveau convoqués à la barre du tribunal de l'opinion, les distributeurs font de la pédagogie et expliquent le coût des masques à l'ère de la Covid-19. Première raison : la loi de l'offre et de la demande. Depuis mars 2020, le monde entier veut des masques. Et la production chinoise (seule capable d'en produire des millions par jour) a été un bon moment à l'arrêt. Pas la peine d'être un prix Nobel d'économie pour comprendre que « niveau de production en baisse + forte demande = prix en hausse ». Nous achetons alors un masque vingt fois plus cher qu'il y a quatre mois… Deuxième raison : la logistique. Auparavant, les masques arrivaient par bateau. Avec l'épidémie, les retards de production et les besoins urgents, ils arrivent désormais (et ce pendant plusieurs semaines) par avion. Or, le coût du transport aérien est cinquante fois plus élevé que le coût du transport maritime ! Mises bout à bout, toutes ces difficultés font grimper le prix moyen du transport de 2 à 14 € le kilo. *Une paille !* Les médias font un gros travail d'explication : la marge des distributeurs n'est pas à l'origine de cette inflation (et pour cause, on est à prix coûtant !). Cela permet aux Français, je crois, de comprendre que la situation était exceptionnelle et que personne ne se *gavait*.

Dès la mise en vente des masques, des incidents (nombreux) vont venir faire hoqueter le travail des équipes de communication des enseignes : erreurs de TVA, erreurs d'étiquetage. À chaque fois, c'est le *bad buzz* sur les réseaux sociaux. Une petite bourde dans un point de vente, et c'est toute l'enseigne qui en pâtit. Durant plusieurs semaines, d'Intermarché à Carrefour, en passant par E. Leclerc, on y aura tous droit ! C'est épuisant.

Les semaines passent, et le prix des masques est relégué au second plan de l'actualité, jusqu'à la fin de l'été 2020. Avec la rentrée scolaire, le gouvernement annonce le port du masque obligatoire dans un certain nombre d'établissements. Les protestations de parents, de syndicats et de partis politiques s'agrègent. 0,50 € le masque, c'est inaccessible pour de nombreuses familles. Voilà la grande distribution de nouveau interpellée par des responsables politiques qui tentent de faire leur rentrée sur ce sujet. Le 17 août, un jeune élu communiste de Paris réclame, sur LCI, la gratuité des masques et balance tout de go : « La grande distribution engrange des profits... on parle de plus de 170 millions d'euros de profits depuis mai sur les masques... » L'élu mélange volontairement (*du moins je l'espère pour les finances de la Ville !*) chiffre d'affaires et profits, semblant ignorer que « vente à prix coûtant » signifie qu'on ne fait pas de profits. Le lendemain, je découvre les propos de Luc Carvounas, maire PS d'Alfortville : « L'État doit taper du poing sur la table auprès de la grande distribution et dire "ça va bien, vous avez fait suffisamment de gras sur cette histoire de masques" [...] la grande distribution a fait suffisamment de marge de bénéfices sur la vente des masques[1]. » Cette fois, l'homme a suffisamment d'expérience pour ne pas avoir conscience de raconter des énormités. C'est inacceptable. Un élu Insoumis entame la même rengaine quelques heures plus tard, sur France Info. Je comprends alors que c'est le mot d'ordre de l'opposition de gauche pour sa

---

[1]. « Carvounas veut des boîtes de masques "à 2 ou 3 euros" », RTL, 18 août 2020.

rentrée politique : gratuité des masques et superprofits de la grande distribution… Je décide de ne pas relever et de laisser ces gens faire ce qu'ils aiment faire : de la politique politicienne.

Les prix des masques vont continuer à baisser durant l'automne. Les circuits d'approvisionnement sont revenus à la normale, les boîtes arrivent par bateau, il n'y a plus de tension. Le magazine économique *Challenges* révèle aussi que le ministère de l'Économie aurait décidé de ne pas ouvrir d'enquête contre des distributeurs qui vendraient les masques à perte[1]. Message bien reçu semble-t-il, ce qui suscite ce commentaire du spécialiste de la distribution, Olivier Dauvers : « Les masques sont désormais vendus au prix du monde d'avant. »

Dans son rapport sur la gestion de la pandémie, le Sénat saluera, lui aussi, la mobilisation des grandes surfaces et conclura que « les enseignes de la grande distribution ont fait preuve d'une très grande réactivité et efficacité en la matière […] et ont acquis des masques chirurgicaux à destination de leur personnel, à partir du mois de mars, et à destination de leurs clients, à partir de début mai, à des prix bien inférieurs à ceux payés par l'État[2]. »

---

1. *Challenges*, 24 septembre 2020.
2. Sénateurs Alain Milon, Catherine Deroche, Bernard Jomier et Sylvie Vermeillet, « Rapport sur l'évaluation des politiques publiques face aux grandes pandémies à la lumière de la crise sanitaire de la Covid-19 et de sa gestion », Sénat, 8 décembre 2020.

Les magasins en première ligne

Depuis le 28 février (passage au stade n° 2), les ventes de pâtes et de riz augmentent anormalement. La tension sur la consommation monte d'un cran avec l'intervention d'Emmanuel Macron, le 12 mars, puis celle du Premier ministre, le 14 mars. Dès lors, c'est la cohue en magasin, et une organisation totalement hallucinante se met en place pour répondre à cette situation inédite. Peu de Français le devinent, mais, en quelques heures, les distributeurs ont dû prendre des mesures tous azimuts, qui vont donner le *la* pour les autres secteurs d'activité quelques semaines plus tard.

Tenir le flux d'approvisionnement

À partir du 12 mars, chacun se demande combien de temps peut tenir l'organisation logistique qui approvisionne les commerces alimentaires. Il faut impérativement fluidifier les livraisons, créer des stocks tampons… Dans ce moment de crise aiguë, tout le monde se serre les coudes, ce qui permet aux Français de ne manquer de rien. Mais cet équilibre est précaire et l'on sent la chaîne alimentaire tendue.

Le rôle des chauffeurs routiers est essentiel dans nos métiers. Et chacun reconnaît en effet que la situation des transporteurs est compliquée dans cette crise. Le secteur est structurellement sous tension, et la période actuelle ne va rien arranger. Les conditions de travail des chauffeurs routiers se dégradent sérieusement. Le 18 mars, le journaliste Jean-Jacques Bourdin, sur RMC, pousse un gros coup de gueule contre « les richissimes sociétés d'autoroute, les pétroliers, la grande distribution » et demande à ce que soient laissés ouverts les sanitaires pour les routiers, « c'est quand même pas compliqué de comprendre qu'on a besoin des routiers ! ». Un discours sévère, mais qui ne nous gêne pas outre mesure, E. Leclerc ayant fait le choix de maintenir, dans ses onze stations d'autoroute, un niveau de service correct pour la restauration et l'hygiène des routiers (130 000 clients, presque exclusivement des chauffeurs de poids lourds, en profiteront).

Maîtriser la fréquentation

Quel casse-tête, cette histoire de fréquentation des magasins pendant la crise ! D'abord, il y a le bouleversement des habitudes : à partir du 17 mars, les clients ne se précipitent plus en magasin le samedi, et leur consommation devient étale ; il y a du monde le matin en semaine, mais pas l'après-midi. On s'adapte. Ça devient, en revanche, clairement, un vrai foutoir, au moment où les pouvoirs publics se piquent de vouloir gérer les flux en magasin. Leurs consignes vont susciter stress, incompréhensions et tensions dans de nombreux hypermarchés.

L'interdiction de faire ses courses en famille alimentera plusieurs jours de polémique. Depuis le confinement, nos adhérents observent que les clients se donnent rendez-vous au magasin et taillent une bavette en poussant le chariot. Rien de surprenant. Dans nos campagnes, les grandes surfaces sont un lieu de socialisation, une sorte de place de marché. Ces rencontres programmées s'accompagnent d'un relâchement sur les gestes barrières : on se fait la bise ou l'accolade, on squatte le centre des allées pour papoter... Les clients stressés commencent à râler, et les salariés ne sont pas à l'aise. Certains magasins sont même sévèrement taclés par l'administration, accusés de ne pas faire suffisamment respecter les règles de distanciation sociale.

Pour limiter ces attroupements, les pouvoirs publics édictent alors une règle simple : « une personne par chariot ». Piège de la simplicité du message, il est parfois interprété trop strictement sur le terrain. Des parents isolés, accompagnés d'un enfant en bas âge, se voient ainsi interdire l'entrée du magasin ! Au point que la situation attire l'attention de Jacques Toubon, Défenseur des droits, qui m'écrit, le 15 avril, pour exiger un changement de comportement de la part des services de sécurité aux accueils des magasins. La situation va se détendre peu à peu, notamment parce que les consommateurs vont, d'eux-mêmes, mettre un terme à leurs pratiques.

Protéger les salariés

Dès les premiers jours, les salariés en contact avec les clients demandent des masques... qu'on n'a pas ! Chacun se rassure. Après tout, les plus hautes autorités scientifiques et politiques répètent à l'envi que c'est inutile si l'on n'est pas malade... Mais l'anxiété persiste dans le personnel, alors on bricole des solutions.

Dès le 8 mars, Dominique Schelcher, le président de Système U, tire l'alarme : on commence à manquer de gel hydroalcoolique. Il dit tout haut ce que l'on constate tous dans les magasins. Pendant plusieurs semaines, l'obsession sera de trouver du gel pour le personnel.

Le 16 mars, quand la France bascule dans le confinement, ce précieux liquide devient aussi recherché que de l'or, car c'est la disette. La Scamark, notre société qui produit les marques de distributeur, vient d'ailleurs de se faire réquisitionner ses camions à la frontière par les autorités espagnoles. Ce sont près de deux millions de flacons qui, soudainement, nous échappent. Nous allons manquer de gel, comme à peu près tout le monde en France. J'apprends que LVMH envisage de reconvertir l'une de ses usines de parfum Guerlain pour produire du gel hydroalcoolique qui sera offert aux soignants dans les hôpitaux. J'écris alors à Bernard Arnault pour lui demander de nous fournir du gel pour nos employés. Il me fait rappeler quelques heures plus tard par son bras droit. Il nous approvisionnera en gel à condition de ne pas le revendre. J'imagine qu'il en fera de même pour Carrefour, dont il est un actionnaire important. D'autres grandes entreprises de la cosmétique ainsi que des alcooliers se lanceront également dans la production de ce précieux gel, et beaucoup en offriront aux personnels dans les entrepôts et dans les magasins.

La question des gants est connexe à celle du gel. Faut-il en équiper les hôtes de caisse ? Les autorités sanitaires conviennent assez vite que c'est peut-être une fausse bonne idée ; ils donnent l'impression au

Les magasins en première ligne 59

salarié d'être protégé alors que, s'il se touche le visage avec son gant, le risque de transmission du virus est le même que s'il n'en porte pas.

Pour les employés chargés d'approvisionner les rayons, les horaires de travail sont modifiés. Afin de leur permettre de croiser le moins de clients possible, ils travailleront la nuit. À défaut de masques, certains ont l'idée d'équiper les hôtes de caisse avec des visières de protection en plastique, vendues au rayon jardinage. L'idée fait florès dans toute la distribution. Dans une telle situation, il n'y a plus Carrefour contre E. Leclerc, Système U contre Lidl. Dans les mêmes villes, les patrons concurrents échangent les bonnes pratiques et les coordonnées d'artisans mobilisables rapidement. Le symbole le plus visible de cette adaptation sera la pose de Plexiglas aux postes de caisse.

Tout cela semble relever de l'amateurisme, et c'est vrai. Mais il faut avoir conscience que, au tout début de la crise, rien n'est écrit, et les équipements manquent cruellement. On découvre les problèmes sur le terrain, au fur et à mesure qu'ils se présentent. Aussi, quand Laurent Berger, le patron de la CFDT, tacle l'enseigne, un beau matin, sur France Inter[1], en estimant que les mesures de protection sont insuffisantes, il se trompe de cible et nos propres salariés restent perplexes.

Quand le virus frappe

Durant toute cette crise, l'angoisse de tous les dirigeants sera évidemment celle du décès de collaborateurs. Pas un seul salarié du commerce ou d'un autre

---

1. « L'invité de Léa Salamé », France Inter, 18 mars 2020.

secteur *essentiel* n'a pu éviter de se poser la question au moins une fois : *est-ce que je ne risque pas ma vie en allant bosser* ? Les modes de contamination semblent tellement nombreux et variables qu'il semble difficile de déterminer précisément l'origine et le lieu de la contamination (au travail, dans les transports, en famille). Les tests sont encore rares à l'époque, alors on parle de « possibles contaminations », de « suspicions », mais qu'en est-il réellement ? On se fonde beaucoup sur le diagnostic du médecin, parfois élaboré à distance sur la base de la description des symptômes. C'est difficile d'avoir des certitudes, surtout quand les malades sont rétablis quelques heures plus tard. Comme on ne sait pas exactement comment s'attrape le virus, c'est vite la psychose. Sur Internet, on découvre des commentaires hallucinants : « Attention, le boucher du magasin a le Covid », « un ami me dit que la charcutière a le Covid et que le rayon n'a pas été désinfecté ». Drôle d'époque.

La grande distribution a ceci d'attachant, qu'à force d'être critiquée, elle sait aussi faire corps. Dans ce contexte, l'annonce, le 26 mars, du décès d'une hôtesse de caisse à l'hypermarché Carrefour de Saint-Denis (93) est un drame pour toute la profession.

Dans une telle période, les gestes de solidarité sont appréciés pour ce qu'ils sont, c'est-à-dire une forme de considération pour l'engagement de chacun. Ainsi, quand il est annoncé que le soir, à 20 heures, aux fenêtres des domiciles, on applaudira aussi bien les infirmières que les caissières, c'est un symbole fort qui réconforte les *premiers de corvée*. C'est également comme cela que sera interprétée la visite du président de la République au Super U de Saint-Pol-de-Léon, le 22 avril 2020. Un geste apprécié.

Quand le quotidien déraille

Un magasin, c'est une petite ville. Les services sont nombreux, de tous ordres. Sur une surface de vente se côtoient des clients, des salariés, des prestataires, des fournisseurs, des inspecteurs de l'administration... D'habitude, tout ce petit monde se croise sans se poser de question, chacun circule (presque) librement, tout le monde s'affaire à sa tâche. La Covid-19 surgit alors comme un grain de sable dans une mécanique bien huilée. Tout ce qui était fluide devient subitement une source de contrariétés et de difficultés. Les tournées des associations caritatives qui font le ramassage des produits non vendus sont suspendues plusieurs jours, ce qui risque de générer du gaspillage alimentaire. Les transporteurs de fonds passent moins souvent, on craint les braquages. Et que dire des sociétés chargées de collecter les déchets, dont les services dysfonctionnent plusieurs jours durant, ce qui pourrait menacer l'hygiène ?

Rassurer les clients

Le 1er avril, j'écoute l'intervention, en Chine, du PDG de Walmart, à l'occasion d'une visio organisée par The Consumer Goods Forum. Là-bas, ils sortent juste du confinement et ont quelques semaines d'avance sur nous. Le constat partagé, c'est que les clients peinent à revenir, car ils ont peur de sortir de chez eux. Pas de raison qu'il en soit différemment en France. Ce sera donc l'obsession des équipes de communication et de marketing de l'enseigne durant plusieurs semaines. Rassurer nos clients, avec un slogan fédérateur : « On a tous un rôle à jouer ». Le président du groupement d'achat E. Leclerc (Galec), Olivier Huet et son directoire, s'impliquent personnellement et totalement dans ce plan d'action. Ils savent que dans un mouvement de chefs d'entreprise indépendants, il n'est jamais simple d'imposer des règles communes. Mais l'enseigne joue gros, et si E. Leclerc n'arrive pas à bâtir une image collective puissante, qui inspire confiance aux clients, le rebond espéré avec le déconfinement peut être menacé.

Chacun à son poste !

À en croire les médias, c'est toute la France qui est en télétravail. Une place dingue est accordée à cette nouvelle formule. Si c'est incontestablement une révolution qui s'opère pour certains secteurs d'activité, ce n'est pas encore le droit commun de tous les travailleurs ; il y a plus de salariés « physiquement » présents à leur poste ou de salariés au chômage que de salariés en télétravail.

Tenir la « seconde ligne »

Activité essentielle, le commerce fait soudainement l'objet d'une attention bienveillante des pouvoirs publics. En magasin, la présence des salariés est capitale. La grande distribution a une culture managériale très axée sur le présentiel. La présence de chacun à son poste est donc la règle de base, l'absence devant relever de l'exception. C'est avec une attention particulière que sont examinés les cas des salariés « à risque ». Asthme, obésité, diabète, cancer… pas simple de devoir se prononcer et, dans les premiers jours, nos équipes se sentent bien démunies face à ces pathologies dont elles ignorent tout. La grande distribution est aussi une activité professionnelle très féminisée, et nombre de salariées sont impactées par la fermeture des écoles dès la mi-mars.

Fin mars, les craintes existent parmi les distributeurs qu'un trop grand nombre de salariés absents en vienne à rendre difficile le maintien des conditions d'ouverture et de réapprovisionnement des magasins. Bercy s'inquiète et nous demande de réfléchir à un scénario de crise[1]. Jacques Creyssel, le patron de la Fédération du commerce et de la distribution, s'attelle à l'exercice et consulte toutes les enseignes. La conclusion est alors sans appel : si la situation devenait difficile, il faudrait sûrement envisager un rationnement. La simple évocation de ce mot fait frissonner tout le monde. Chacun imagine la réaction des Français et redoute un effet de panique, qui rendrait la situation encore plus intenable. Pour autant, cela semble être la seule solution si l'absentéisme venait à exploser. Heureusement, très rapidement, on constatera que 75 à 80 % des salariés du commerce seront quotidiennement en poste durant cette période. Incroyable niveau de participation au vu des circonstances !

Éviter les procès en désertion

Comment manager les salariés retenus pour garde d'enfants ou maintenus à domicile pour cause de santé fragile, quand leurs collègues sont, eux, *au front* ?

---

1. Emmanuelle Ducros, « Épidémie : le week-end où la France a failli être rationnée », *L'Opinion*, 7 janvier 2021.

Comment gérer les salariés des boutiques spécialisées de l'enseigne, qui sont fermées sur décision de l'État (parfumerie, agence de voyage, magasin de jouet, espace culturel, etc.) ? Chômage partiel ou réaffectation sur l'activité alimentaire ? Si l'esprit d'équipe poussera l'essentiel des « troupes » à venir en renfort sur l'alimentaire, il y a quelques magasins où ce n'est pas toujours simple. Certains salariés n'ont pas envie de préparer des colis au drive, alors qu'ils ont initialement été embauchés pour une tout autre mission ! Ma crainte est de voir émerger deux clans : ceux qui sont au boulot, et ceux qui n'y sont pas. On me rapporte les commentaires sur un salarié qui est en arrêt pour garde d'enfants, alors que ses bambins ont 16 et 17 ans. Ce sont de petites phrases, parfois involontairement lâchées, ici ou là, qui m'interpellent.

La tension et la crainte de contracter le virus poussent parfois quelques collaborateurs à bout. Un adhérent me raconte ainsi qu'un salarié, travaillant avec lui depuis vingt ans, pète un plomb un matin dans les rayons et menace de se trancher les doigts pour rester chez lui. Toute guerre génère son lot d'automutilés cherchant à quitter le front. Le récit m'inquiète immédiatement. Il restera un incident isolé. Dans plusieurs magasins, des cellules de soutien psychologique pour le personnel sont mises sur pied.

Toujours dans l'ombre, les services RH des magasins et des entrepôts n'en ont pas moins fait un travail remarquable, malgré un contexte totalement déstabilisant. Le management dans la grande distribution est souvent mis en cause dans les médias, mais peu de secteurs d'activité doivent gérer autant d'injonctions contradictoires. Aussi, l'article de Cécile Prudhomme dans *Le Monde*[1], érigeant en système managérial d'enseigne des cas isolés et pas toujours reliés entre eux, est-il ressenti, par beaucoup d'entre nous, comme une attaque exagérée.

Le ministre rase gratis

Le 20 mars, alors qu'on entre de plain-pied dans un confinement dont on ne sait combien de temps il va durer, j'entends Bruno Le Maire, lors d'une matinale à la radio, annoncer qu'il demande aux enseignes de la distribution d'accorder une prime de 1 000 euros à leurs salariés, comme cela a été mis en place par un concurrent espagnol, Mercadona, quelques jours plus tôt.

Récompenser les salariés pour leur travail quand l'année est bonne, c'est chose assez courante dans le commerce. Peu de gens le savent, mais dans la grande distribution alimentaire, toutes les enseignes souscrivent à la participation et à l'intéressement. Édouard Leclerc en a même fait un principe non négociable pour les patrons qui rejoignent son enseigne, en exigeant qu'ils s'engagent à reverser 25 % des bénéfices avant impôts aux salariés. Cette mesure avait même été solennellement rappelée à tous les adhérents lors de la dernière assemblée générale du Mouvement E. Leclerc, en 2019. Pour des magasins qui tournent bien, cette mesure aboutit à verser deux à trois mois de salaire supplémentaires, chaque année. Le partage des résultats avec les salariés est une pratique bien

---

1. Cécile Prudhomme, « Chez Leclerc, la crise sanitaire révélatrice d'un management par la peur », *Le Monde*, 3 avril 2020.

Chacun à son poste !

plus répandue dans la grande distribution que dans nombre d'autres secteurs de l'économie dans lesquels officient nos détracteurs...

Par principe, on trouvera assez peu de patrons pour accepter qu'un tiers extérieur vienne leur dire, depuis un ministère, comment ils doivent gérer leur entreprise. D'autant que quelques heures après l'annonce de Bruno Le Maire, la CGT du commerce douche tout le monde : « Agiter la prime à 1 000 euros pour encourager les salariés à travailler, qui plus est dans des conditions dangereuses, relève du mépris le plus total pour la vie humaine[1]. » Il n'en fallait pas plus pour que certains commencent à parler de « salaire de la peur », ce que n'était évidemment pas l'objet de cette prime – sauf à convenir que la vie ne vaudrait pas cher !

La « prime Le Maire » suscite immédiatement des dizaines de demandes de précision quant au champ d'application, aux distinctions entre salariés, aux périodes de référence, etc. Toutes les questions, toutes les remarques sont recevables...

Les uns annoncent alors que seul le personnel des entrepôts sera concerné, les autres que seul le personnel en contact avec les clients le sera. C'est le cafouillage... Nombre de dirigeants de la grande distribution sont en réalité convaincus que le système d'intéressement et de participation, négocié avec les représentants du personnel, est plus efficace, et surtout bien plus équitable pour tous les collaborateurs. Pas toujours simple en effet de justifier qu'on donne un avantage aux uns et pas aux autres, d'autant que personne n'a réellement choisi sa situation face à la Covid-19.

---

1. Communiqué du 22 mars 2020.

Mais le contexte se prête mal aux tergiversations. La polémique sur ce sujet durera plusieurs jours. Sans le crier sur les toits, la quasi-totalité des adhérents E. Leclerc aura finalement versé une prime. Sa dimension symbolique aura été plus forte que tout autre argument rationnel.

On applaudit les caissières à 20 heures

Avec un taux de présence de près de 80 %, on ne soulignera jamais assez l'exemplarité des salariés de la grande distribution. Pour le sociologue Christophe Guilluy : « la réalité est que les gens ordinaires n'allaient pas "au front", mais au travail, comme tous les autres jours de l'année, et que, comme tous les autres jours de l'année, ils portaient l'essentiel de ce qui fait la société. Dans leur majorité, les gens ordinaires n'ont pas cherché à se faire passer pour des héros. » Je suis, pour ma part, convaincu que la mobilisation de la "seconde ligne" n'a pas reposé sur le versement de cette prime. Ce n'était pas la motivation principale des salariés, même si personne ne crache sur une prime. Je crois en effet qu'il faut aller chercher ailleurs la raison profonde de leur mobilisation.

Le fait est qu'une partie de la population française regarde avec beaucoup de condescendance les métiers du commerce et de la grande distribution. Parce qu'ils ne requièrent pas nécessairement de grands diplômes, parce qu'ils sont souvent des métiers physiques, manuels, et que les conditions de travail y sont difficiles. Certains n'imaginent pas un seul instant qu'une hôtesse de caisse ou qu'un préparateur de commandes puisse tout simplement aimer son métier et son univers de travail.

Au fond, il y a un mépris social très partagé pour nos métiers, comme il y a un mépris politique et intellectuel pour l'activité du commerce en général. Alors quand France 3 fait le portrait de Dominique, hôtesse de caisse à Neufchâteau, dans les Vosges, dévouée à ses clients et solidaire des soignants, c'est toute la profession qui se gonfle d'une fierté nouvelle, d'autant que ses propos sont dignes et montrent une belle personnalité.

Les hôtes et hôtesses de caisse entendent désormais des « mercis », devinent des sourires derrière les masques et reçoivent même des cadeaux ! Insigne honneur, le soir, à 20 heures, les voilà applaudis, aux côtés des personnels soignants. Le 14 juillet 2020, plusieurs collaborateurs de magasins et de drives sont même invités au défilé militaire sur les Champs-Élysées. Je m'en réjouis. Tout ça ne durera pas, mais il faut prendre ces brassées de compliments tant qu'elles sont distribuées.

Faire revenir les voyageurs

L'enseigne a toujours eu une grande fierté à revendiquer le rôle de première agence de voyage de la grande distribution française. Avec près de 900 000 clients partis de par le monde en 2019, E. Leclerc Voyage a de quoi plastronner. Depuis début 2020, les équipes suivent la situation sanitaire mondiale, jour après jour. Dans nombre de pays du monde, les voyages ne sont toutefois pas interdits, les frontières restent ouvertes, et les clients comptent bien profiter de leurs vacances.

Tout s'accélère à partir du 13 mars à 20 h quand le royaume du Maroc ferme ses portes. Il faut trouver une solution pour les 800 clients sur place ! Les collaborateurs des 205 agences de voyage E. Leclerc sont sur le pont dans les jours qui suivent. Quand il faudra annuler les réservations de 230 000 passagers et envisager de rapatrier les 18 000 clients déjà éparpillés dans le monde entier.

On n'imagine pas la somme de travail que cela représente. E. Leclerc Voyage mettra une dizaine de jours pour faire revenir 80 % de ses clients. Les anecdotes sont multiples ; comme ces clients qui, durant le vol entre Paris et Delhi, apprennent, à une heure de l'atterrissage, que l'Inde vient de fermer ses frontières et qu'ils vont devoir rebrousser chemin. Ou ces milliers de vacanciers partis pour les Canaries le samedi 14 mars et de retour à Paris le lundi 16. Ce sont aussi ces clients retraités, qui opèrent tranquillement leur tour du monde sur un paquebot et qui décident de poursuivre leur voyage – comme 80 % des autres passagers – alors que le monde entier se calfeutre. Surréaliste.

Moins drôle, il y a ce groupe de clients partis au Costa Rica. Ces derniers vont jouer de malchance, rattrapés par la pandémie et placés tour à tour en quarantaine sanitaire par le gouvernement pendant des semaines. Il nous sera très difficile de communiquer avec eux, et malgré l'appui du sénateur (LR) des Français de l'étranger, Damien Regnard, très investi pour leur cause, mobilisant le Quai d'Orsay et les médias, les autorités costaricaines resteront inflexibles. Le calvaire de ces clients durera 65 jours. Un cauchemar.

Les invisibles de la distribution

On a beaucoup parlé, durant cette pandémie, des personnels en magasin, et c'est mérité. Hôtes et hôtesses de caisse sont devenus des héros, mais dans les bureaux des magasins, dans les sociétés spécialisées du Mouvement E. Leclerc, dans l'abattoir breton de Kermené, ce sont bien tous les 133 000 salariés du Mouvement E. Leclerc qui ont pris leur part au bon déroulement des opérations.

Lutter contre les hackers

Le scénario de millions de télétravailleurs est un cauchemar pour toutes les équipes informatiques des entreprises. Pour E. Leclerc, ce sont des centaines d'ordinateurs portables qui s'exposent ainsi aux intrusions, avec des risques de vol des conditions d'achat confidentielles, des projets marketing, des plans promotionnels annuels... Toutes ces portes ouvertes sur nos réseaux internes génèrent des sueurs froides chez nos informaticiens.

Si durant les confinements les activités de e-commerce explosent, celles des hackers aussi ! Depuis mars 2020, le volume de cyberattaques n'a cessé d'augmenter : des tentatives d'intrusion répétées, coordonnées, plusieurs fois par jour, démultipliées par l'usage de robots. Le public n'en a pas connaissance ; à l'interne c'est la mobilisation générale et les attaques sont déjouées par les systèmes de protection. C'est ainsi qu'entre le 30 mars et le 13 avril, 7 millions de tentatives de connexion suspectes seront repoussées ! Début novembre, rebelote, notre société spécialisée dans l'importation et les carburants est victime d'une redoutable cyberattaque. Avec 13 milliards d'euros de chiffre d'affaires, l'impact peut être conséquent. Les pirates affirment avoir crypté des milliers de documents et menacent de mettre aux enchères les données volées, si la société ne s'acquitte pas d'une rançon. Le dossier va mobiliser, au fil des heures, policiers français, geeks israéliens et enquêteurs ukrainiens ! Au final, pas trop de casse !

Cluster à l'abattoir

À la demande d'Édouard Leclerc, dans les années 1970, E. Leclerc a racheté un abattoir voué à la faillite, à Saint-Jacut-du-Mené. Au fil des ans et des investissements, il est devenu un site ultra-moderne, allant jusqu'à dupliquer des méthodes de l'industrie automobile pour créer des robots à bras articulé servant à désosser les cuisses de porc.

Avec la peste porcine africaine qui rôde autour de la France, l'abattoir est en alerte sanitaire depuis déjà plusieurs mois. Des procédures très exigeantes ont été mises en place, pour s'assurer qu'aucun cochon, qu'aucun chauffeur et qu'aucun camion ne vienne contaminer la zone. Filtrage, sas de décontamination, nettoyage des roues des camions, pédiluves... rien n'est laissé au

Les invisibles de la distribution

hasard. On joue gros. Si la peste porcine venait à se propager, c'est potentiellement toute la production française de porcs qui pourrait être interdite d'exportation vers la Chine. Alors quand surgissent les préoccupations sanitaires liées à la Covid-19, les standards de sécurité sont déjà très élevés.

Le 13 mai, c'est un coup de massue que nous recevons quand Raphaël Barral, président de Kermené, nous informe que plusieurs cas de Covid-19 viennent d'être détectés sur le site. Avec quelque 3 500 collaborateurs qui s'activent jour et nuit sur les chaînes de découpe et de transformation, on a des sueurs froides en imaginant la bombe sanitaire que cela peut devenir. De l'activité de Kermené dépend l'approvisionnement de centaines de points de vente en viande et charcuterie. L'enjeu est gigantesque pour l'enseigne, mais aussi pour les centaines de producteurs (bovins, porcins) qui dépendent des achats de bêtes par Kermené.

Depuis le début de la pandémie de Covid-19, beaucoup de précautions avaient déjà été prises dans la gestion des équipes : horaires décalés, masques, espacement et cloisonnement des postes de travail, désinfections régulières, consignes répétées sur les gestes barrières. L'effort est même reconnu par l'intersyndicale dans un tract du 19 mai : « Des moyens matériels et humains considérables ont été déployés et même si tout n'est pas parfait, nous pouvons nous féliciter d'avoir contribué et continuer à faire fonctionner notre économie. » Ça n'aura pas suffi.

Face à la crise sanitaire, la direction de Kermené opte pour une transparence totale vis-à-vis des salariés et coopère rapidement avec les pouvoirs publics (Agence régionale de santé, Mutualité sociale agricole, préfecture, etc.). Dans les faits, j'observe que les dirigeants mènent excellemment bien leur affaire.

Le 15 mai, les 220 personnes de l'atelier de parage des jambons et des épaules sont testées. Parmi elles, 63 sont des cas positifs. Le 18 mai, près de 50 % des salariés de l'atelier de parage manquent à l'appel ; beaucoup ont peur et préfèrent rester chez eux. Le 19 mai, en accord avec l'ARS, la direction de Kermené décide de lancer un plan de dépistage massif sur le site, avec plus de 800 personnes testées. Quelques heures plus tard, on apprend que 40 d'entre elles sont positives. Le taux d'incidence de cette deuxième campagne de tests est inférieur à celui observé lors de la première campagne. La consigne s'applique : tester, isoler, tracer. Dès lors, les choses vont revenir progressivement à la normale, et l'abattoir sortira de la crise sanitaire deux semaines plus tard.

La morgue en entrepôts

Les pouvoirs publics nous y préparent depuis plusieurs jours. Nous voilà désormais au pic de la pandémie. Avec plus de 1 000 morts par jour début avril, les hôpitaux débordent de malades, et les morgues de cadavres. La presse se fait l'écho de la douleur des deuils. Les services funéraires sont débordés, les obsèques sont reportées à des jours ultérieurs. En attendant, que faire des dépouilles ? Dans certains départements, des préfets prennent l'attache de nos coopératives régionales pour évaluer la disponibilité de nos entrepôts frigorifiques. L'idée serait d'y déposer les corps en attente de sépulture. Cela avait déjà été envisagé en 2003, pendant la canicule. Mais la situation est différente cette fois. Les

Les invisibles de la distribution

personnels des entrepôts sont très sollicités, et nous craignons que l'idée de travailler à côté des cercueils pèse sur leur moral. Et ne risque-t-on pas de susciter la peur des clients, inquiets d'imaginer que leurs fruits et légumes aient été stockés à côté de ces cercueils ?

Tout cela ressemble bien à une mauvaise idée, et la profession tentera de dissuader les pouvoirs publics. Peut-être existe-t-il d'autres entrepôts réquisitionnables que ceux des entreprises alimentaires ? Pourquoi pas les patinoires, fermées au public ? L'État ne l'entend pas totalement de cette oreille et décide, le 2 avril, en Île-de-France, de réquisitionner un entrepôt situé dans un hall isolé du Marché international de Rungis. Le lendemain, le préfet annonce la réquisition d'un deuxième entrepôt, à Wissous cette fois, à proximité de nos entrepôts de poissonnerie. Même procédé dans le Haut-Rhin quelques jours plus tard. On craint la multiplication de ces réquisitions, on ne sait pas comment l'annoncer aux personnels des entrepôts qui seraient concernés. Le sujet est explosif. Un petit groupe planche sur une procédure. Ce sera finalement inutile, cette stratégie ne sera pas reconduite dans les jours suivants.

Il faut sauver la ferme France

Il semble loin le temps où agriculteurs et distributeurs faisaient cause commune. Enfant, je me souviens des équipées parisiennes de mon père : sur un même tracteur, Édouard Leclerc côtoyait Alexis Gourvennec, génial rénovateur du mouvement paysan breton. Et aussi le jeune Michel Rocard, avec quelques militants du Parti socialiste unifié (PSU). Il s'agissait d'organiser les premières ventes directes d'artichauts et de choux-fleurs sur les places publiques. Toute une époque ! Depuis, un grand malentendu s'est installé entre paysans et commerçants, les premiers accusant les seconds d'être à l'origine de tous leurs malheurs. Comme si rien ne pouvait être imputé aux insuffisances de la PAC, à l'excès d'une concurrence européenne et désormais mondiale, à l'internationalisation et à la financiarisation des cours de matières premières, à la course à l'investissement qui plombe les comptes des exploitations, à la sur-législation « à la française » qui pèse sur la compétitivité des agriculteurs français face à leurs concurrents polonais, espagnols... et allemands ! Entraînés par des politiques et des responsables syndicaux souvent embourbés dans leurs propres contradictions, les agriculteurs sont invités à ne voir la grande distribution que comme un bouc émissaire commode.

Autres temps, autres mœurs. La crise de la Covid-19 pourrait être l'occasion d'un nouveau départ.

Les marchés ne marchent plus

Restaurants et cantines sont fermés depuis la mi-mars. Le 24 mars, la situation se dégrade encore. Ce sont désormais les marchés de plein air qui doivent fermer. Protestations immédiates des producteurs et des représentants des marchés forains. Je lis les propos peu amènes du président de la Confédération française de la boucherie, charcuterie, traiteurs (CFBCT)[1], du président de la Confédération générale de l'alimentation en détail[2] et de la présidente de Saveurs commerce, la fédération de primeurs qui regroupe 12 000 commerçants et artisans en fruits et légumes. Toutes dénoncent (sans preuve et sans vergogne) le lobby de la grande distribution, qui aurait obtenu cette interdiction des pouvoirs publics. L'attaque est ridicule, mais coordonnée. Quelques élus – souvent des maires – reprennent ces accusations, trop heureux de pouvoir remettre un centime dans la machine « Macron = lobby ». Le député UDI Jean-Christophe Lagarde est de ceux-là. Sur Twitter, il attaque la décision gouvernementale en expliquant qu'on est plus en sécurité sur un marché que dans un supermarché. Drôle

---

1. « Fermeture des marchés : la filière tente de rebondir et appelle à l'aide », *Ouest-France*, 24 mars 2020 ; https://www.ouest-france.fr/economie/fermeture-des-marches-la-filiere-tente-de-rebondir-et-appelle-l-aide-6790805
2. « Fermeture des marchés : "C'est la mort annoncée du commerce de proximité !" », Public Sénat, 26 mars 2020 ; https://www.publicsenat.fr/article/parlementaire/fermeture-des-marches-c-est-la-mort-annoncee-du-commerce-de-proximite-181563

d'idée que de tenter de décrédibiliser l'un pour essayer de sauver l'autre... En vérité, pour l'heure, la fermeture des marchés suscite, pour les distributeurs, plus de problèmes que d'opportunités. Mais peu de gens peuvent l'entendre.

Soutenir les producteurs locaux

Privée de ventes directes sur les marchés, une foule de maraîchers et de fromagers se tourne vers la grande distribution. Il nous faut proposer des débouchés à ces nouveaux fournisseurs. Les contacts préexistent souvent, car les magasins sont connectés à leur territoire ; parmi les personnels, on ne compte plus les fils, les sœurs, les épouses d'agriculteurs. Les initiatives se multiplient pour éviter le gaspillage et l'effondrement des ventes des produits agricoles.

Mangez des pommes (françaises) !

Tomates, concombres, asperges, fraises... certaines filières françaises sont en avance, du fait de l'hiver doux. La question de l'écoulement de ces productions se pose immédiatement. Dès le 23 mars, j'échange avec Christiane Lambert, la patronne du syndicat agricole majoritaire FNSEA. Je lui annonce que l'enseigne annule une opération prévue sur la fraise d'Espagne, pour la remplacer par une fraise d'origine française (gariguette ou fraise ronde... ça va dépendre des disponibilités).

Chacun a conscience, toutefois, que les initiatives locales ne suffiront pas et qu'elles doivent s'accompagner d'une stratégie nationale plus globale. D'où la mise en place, dans toute la distribution, de mécaniques promotionnelles plus ou moins savantes, pour inciter les Français à consommer sans se ruiner.

Tomates, salades, abricots, nectarines, haricots verts, asperges, fraises, concombres, prunes, poires... nombre de fruits et légumes bénéficieront de ces campagnes, ce qui permettra d'écouler les volumes. Soutien sans faille à toutes ces initiatives, le ministre de l'Agriculture Didier Guillaume comprend l'intérêt d'encourager les distributeurs dans leurs efforts de valorisation des produits agricoles français, d'autant qu'il sait que les clients commencent à trouver l'addition du rayon fruits et légumes un peu salée. Plutôt que de menacer ou de reprocher, il valorise et félicite. Sa démarche est bien reçue par les acteurs de la distribution. Parfois, elle aura aussi suscité de grands fous rires, comme ce matin où, voulant valoriser une bonne action, le service de communication du ministère publie, sur le compte Twitter du ministre, un petit texte sur le « manger français », mais avec une photo d'illustration qui présente un étal où deux légumes sur trois viennent de l'étranger ! Je le préviens immédiatement : « Ton community manager a mis une affiche promotionnelle de tomates des Pays-Bas en illustration de ta campagne pour les produits français patriotes. Ça craint ! » Il fera rectifier l'illustration quelques instants plus tard, non sans avoir préalablement lâché un aimable juron.

Agneau, chevreau et petit veau

Cette année, Pâques tombe le 12 avril et coïncide avec les Pâques juives. Elles sont suivies de près par d'autres fêtes religieuses : les Pâques orthodoxes une semaine plus tard, et le Ramadan chez les musulmans qui débute le 24. Avec les restaurants fermés et les repas de famille interdits, la bérézina se profile. L'interprofession se mobilise pour renforcer la communication en faveur de la consommation de viande ovine et caprine. Elle incite les magasins et les artisans à retravailler leurs offres pour confectionner de plus petits gigots, souris et autres rôtis. Pas bête !

En temps normal, l'agneau français et l'agneau étranger (Nouvelle-Zélande, Australie, etc.) se partagent le marché, avec un avantage pour l'agneau néo-zélandais. Outre le prix, il y a aussi une question de capacité de production qui justifie ce recours massif à l'importation. Privés de débouchés, les éleveurs français exigent que les distributeurs donnent priorité à leurs agneaux. Plus facile à demander qu'à réaliser, car la viande d'agneau néo-zélandaise est déjà arrivée, voire livrée en magasin ! Pourtant, nos équipes s'exécutent – il sera difficile de nous accuser de traîner les pieds – et, au final, plus de 90 % des volumes d'agneaux français auront été écoulés par les commerçants français. Didier Guillaume trouve les mots pour « remercier les distributeurs, qui ont fait de vrais efforts ».

Échange surprenant, un soir d'avril, par SMS, avec Christiane Lambert, qui n'exprime pas toujours d'aimables sentiments à l'égard de la distribution en général et à mon endroit en particulier ! Alors qu'elle me questionne sur notre mobilisation pour valoriser le veau de la Pentecôte, je me livre à une petite confidence en la questionnant sur l'origine religieuse du veau de la Pentecôte qui m'est totalement étrangère ! Elle m'explique que la tradition n'est pas religieuse... mais professionnelle ! On doit l'idée à la Confédération de la boucherie dans les années 1990, suite à des méventes, pour inciter les Français à en consommer. Les veaux naissant traditionnellement en fin d'année, ils sont prêts entre Pâques et Pentecôte, d'où l'adage du métier : « Après la Pentecôte, le veau perd la cote. » Voilà religion catholique et *business* enfin réconciliés !

Il faut soutenir la pêche française

La filière pêche est elle aussi en très grande difficulté. Déjà tendue du fait de l'interminable Brexit, la crise de la Covid-19, c'est la goutte d'eau qui fait déborder l'océan ! Pas simple de partir plusieurs jours en mer, de vivre dans la promiscuité, quand tout le monde à terre s'isole des autres pour se protéger.

Et puis, à quoi bon reprendre la mer ? Avec la fermeture des restaurants et des marchés, les débouchés s'assèchent, et les cours du poisson s'effondrent : le merlan, habituellement vendu 2 €/kg à la criée de Boulogne, se vend désormais à 0,30 €/kg ! Il faut agir, c'est la survie de toute une filière qui est en jeu : pêcheurs, mareyeurs, industrie agroalimentaire... La grande distribution est appelée, là aussi, à la rescousse.

À situation inédite, actions inédites. La fin de toutes les importations est décrétée (nos clients devront cuisiner du dos de merlu plutôt que du dos de cabillaud, pêché habituellement par les bateaux étrangers). L'enseigne accepte aussi que le prix d'achat soit convenu avant le départ en mer et que la capture soit achetée dans son intégralité, quel que soit son contenu. C'est une entorse importante à ce qui se pratique habituellement dans la profession, et ça oblige les équipes à tout repenser en aval ; nouvelles recettes de soupes et de plats cuisinés en fonction des arrivages, nouvelles stratégies de congélation, modification quotidienne des gammes fournies aux magasins. « On écrit une partition symphonique chaque jour », me confie, un brin poète, le président de la coopérative Olivier Louvard. On arrivera à tenir les volumes.

Le boomerang de l'effet prix

De l'acheteur au chef de rayon, le personnel de la distribution va faire des prouesses pour sauver de la benne des milliers de tonnes de produits agricoles. Même si personne ne dira réellement merci à la distribution, cette collaboration a permis – sans complètement compenser les volumes non vendus à la restauration – de sauver une année de revenus agricoles. Paradoxalement, les Français, qui se disent toujours prêts à donner quelques euros de plus pour une production nationale, découvrent qu'en l'absence d'une concurrence italienne et espagnole, les produits sont plus chers ! Une petite musique commence à monter du côté des consommateurs : les prix des fruits et légumes ont trop grimpé. C'est Thierry Besnier, notre adhérent en charge de l'offre alimentaire, qui m'y sensibilise le premier.

Les clients des enseignes françaises n'ont jamais été aussi nombreux à râler sur Internet et en magasin contre les prix des produits. Dans les zones urbaines, moins attachées à la question rurale, les clients à faible revenu reprochent à nos campagnes de soutien aux agriculteurs français d'aboutir à une hausse du prix de leurs courses. Les distributeurs sont, une nouvelle fois, accusés de « profiter » de la crise pour gonfler leurs marges.

Coût du travail en France, fermeture des frontières, météo capricieuse et difficultés logistiques forment un cocktail propice à la flambée des prix en ce printemps 2020. Dans *LSA*, Jacques Creyssel décrira le fossé qui sépare les producteurs français des producteurs européens : « Par rapport à la moyenne européenne, nous sommes à + 40 % pour la fraise, + 59 % pour la pêche, + 47 % pour les pommes gala et + 37 % pour les tomates rondes. La France est seulement en dessous de la moyenne européenne pour les courgettes et les choux-fleurs[1] ! » Le phénomène s'observe aussi en Allemagne, avec une inflation moyenne de 5 %. Phénomène qui ne se reproduira toutefois pas lors du deuxième confinement, en partie, selon le journal *Frankfurter Allgemeine Zeitung*, parce que le gouvernement a alors fait le choix de baisser la TVA sur les fruits et légumes.

On connaît l'hypersensibilité des agriculteurs à la question des prix de vente. Et pourtant, comment assurer une belle mise en place de leurs produits sans un effort sur l'étiquette ? Chaque enseigne va s'ingénier à trouver une parade, des solutions. On comprend que pour des *discounters*, comme Lidl ou Aldi, ou pour des enseignes comme Intermarché ou E. Leclerc, une politique revendiquée de prix élevés ne puisse faire sens. *A contrario*, appliquer des « prix coûtants » offusquerait la sensibilité de la FNSEA. Au siège du groupement,

---

1. « L'État doit avoir une vision stratégique du commerce », *LSA*, 28 septembre 2020.

comme chez certains concurrents, décision est prise de bloquer les prix des marques de distributeur (40 % des volumes alimentaires dans l'enseigne). En parallèle vont être conçues des publicités multipliant rabais et réductions, émis sous forme de coupons ou de tickets, qui rassurent les consommateurs sans que les agriculteurs puissent y voir une dévalorisation de leur travail. Sans l'ingéniosité et le savoir-faire de ces professionnels du *pricing* et du marketing, il n'est pas sûr que les consommateurs français aient gardé une même estime pour les produits nationaux durant cette séquence.

La consommation sous tension

Habituellement, s'il manque tel ou tel produit sur le marché français, on peut se tourner vers l'extérieur pour compléter un approvisionnement. Ce que les Français veulent, les Italiens, les Indiens et les Brésiliens le veulent aussi. Comme un pied de nez de l'hyperproductivisme qui montre sa finitude !

Razzia sur les pâtes

La filière agroalimentaire française a été sous une tension inédite, à l'image des usines Panzani, qui tourneront, nuit et jour, 7 jours sur 7, pour produire les fameuses pâtes tant attendues par les consommateurs européens. On a frôlé la rupture à plusieurs reprises ; il a manqué tantôt de matières premières, tantôt de bras, tantôt de biens intermédiaires. Mais à chaque fois, l'appareil industriel s'est adapté, par exemple, en rationalisant sa production afin de privilégier les fameux « 20-80 » (20 % des produits qui font 80 % des ventes). Cette décision entraîne un choix moins large dans les rayons, ce qui ne plaira pas toujours aux distributeurs, et encore moins aux consommateurs, à l'image d'une réclamation client déposée, le 12 mars, au magasin de Pau : « Dans ce magasin Leclerc, au rayon pâtes, j'ai bien trouvé la marque "Garofalo" et, sous cette marque, toutes sortes de pâtes (rigatoni, penne, etc.) MAIS PAS DE PAPPARDELLES... dès lors, auriez-vous l'amabilité de me prévenir par courriel dès que vous serez à nouveau réapprovisionnés et m'en mettre deux paquets à l'accueil, à mon nom ? Vifs remerciements. »

Selon l'Institut Nielsen, qui observe les ventes des produits de grande consommation, le vendredi 13 mars, les achats bondissent de 175 % sur les catégories sensibles : on a vendu cinq fois plus de pâtes et trois fois plus de riz sur une seule journée[1] ! Une tendance qui est à l'image de ce qu'est le niveau de consommation depuis le début du mois ; les ventes de farine et de pâtes bondissent et le papier toilette devient le nouveau produit star des chariots. Les surgelés vont aussi se trouver en rupture : pizzas, quiches, steaks hachés, glaces... la presse en parle moins, mais leur consommation est aussi très élevée.

Supposés disposer de plus de temps pour faire la cuisine, bon nombre de Français retournent aux fourneaux... et ils adorent faire des gâteaux (+ 204 % de ventes de levure pendant le confinement) et des tartes. Au point qu'on va manquer de farine et de pâtons industriels pendant un temps.

---

1. « Un vendredi 13 hors normes au lendemain de l'allocution présidentielle », Nielsen, 17 mars 2020.

L'hygiène en berne ?

Dans les rayons non alimentaires, les choses sont plus contrastées que dans l'alimentaire. Des équipements électroménagers en perte de vitesse retrouvent une actualité, telles les machines à pain, dont les ventes grimperont de 75 % ! Lors du deuxième confinement, hiver oblige, ce sont les appareils à raclette qui deviendront les stars des ventes. Les gants en latex sont, quant à eux, rapidement en pénurie, et pour longtemps. Avec la fermeture des salons de coiffure et des instituts de beauté, les ventes de colorations pour cheveux et de crèmes dépilatoires croissent de 50 %, mais la chute est sévère pour les produits de maquillage (– 77 %). Quand il est porté à la connaissance du grand public, l'effondrement des ventes de déodorant (– 66 %) devient le symbole d'un certain laisser-aller des Français, mais les commentateurs ne voient pas que dans le même temps, les ventes de savon grimpent de 86 %[1] ! Tout est question de point de vue !

Ça sent le sapin pour le cacao !

Les fêtes de Pâques représentent jusqu'à 30 % du chiffre d'affaires annuel pour le secteur du chocolat. Les commandes de chocolat de Pâques ont été passées en décembre 2019, la plupart des magasins ont reçu la marchandise début mars. Le confinement tombe au plus mauvais moment : pas de chasse aux œufs, pas de

---

1. « La consommation en confinement », IRI vision actualité, 7 mai 2020.

visite en famille… ça sent le sapin pour le cacao, mais on ne peut plus faire marche arrière ! Selon l'Institut Nielsen, les achats de chocolats en grande distribution vont chuter de 27 % sur les six semaines précédant le lundi de Pâques.

Distributeurs et producteurs demandent à Bruno Le Maire de suspendre la disposition de la loi Égalim les empêchant de faire des promotions importantes qui permettraient d'écouler les stocks. Les conversations à ce sujet nous semblent interminables avec les pouvoirs publics. Le gouvernement hésite à reculer sur une disposition symbolique de sa loi de 2018. Mi-avril, Bruno Le Maire finit par lâcher un peu de mou, mais timidement et dans des conditions telles que personne n'est sûr d'avoir réellement compris ce qui était autorisé en fin de compte ! Ça cafouille sur le carrelage.

Au sortir de la période, Auchan annoncera des ventes de chocolats en recul de 60 % par rapport à 2019, et E. Leclerc constatera un tiers d'invendus. Les dons vont pleuvoir dans les hôpitaux, au point qu'on se demande comment les soignants ont évité la crise de foie ! Sur Twitter, et sur Facebook, les posts des personnels des hôpitaux et des Ephad se succèdent pour remercier tel distributeur, tel artisan, telle marque de chocolat !

Peurs sur le jouet

À chaque confinement, ses problématiques. Le deuxième confinement perturbe les ventes de jouets. À un mois de Noël, la fermeture des rayons non alimentaires des magasins démoralise les équipes. Des systèmes de click & collect sont mis en place pour inciter les clients à commander les jouets par Internet, pour venir les retirer en magasin. Mais quand bien même tous les commerçants s'y mettent, ça ne suffit pas à écouler la marchandise qui s'accumule dans les réserves. La facture risque d'être lourde, et les magasins craignent qu'Amazon n'ait asséché le marché au moment où l'on pourra rouvrir les rayons. Les Français ont-ils voulu soutenir leurs commerçants ? On pourrait le penser en observant quelques semaines plus tard les chiffres des ventes de jouets sur l'année 2020. Malgré trois mois de fermeture (un trimestre entier !), le secteur aura limité les dégâts et n'aura à déplorer « que » 1,5 % de baisse de chiffre d'affaires. Un exploit au vu de ces multiples péripéties !

La bataille des parts de marché

Comme pour les audiences télé, les parts de marché sont très observées par les enseignes de la distribution. La crise de la Covid-19 va porter un coup à la croissance d'E. Leclerc, en phase de conquête presque ininterrompue depuis dix ans. Durant les périodes de confinement, les publications de parts de marché auront l'effet d'un supplice chinois pour les adhérents de la coopérative. Particulièrement lors du premier confinement, où E. Leclerc, du fait de son format plutôt hypermarché en périphérie, va pâtir des règles de restriction de circulation, imposées par le gouvernement. Des enseignes comme Intermarché et Système U, plus souvent situées dans les centres-villes, vont mieux tirer leur épingle du jeu. Seule la fin du premier confinement permettra à notre enseigne de regagner le terrain perdu, ce qui poussera l'expert de la distribution Olivier Dauvers à constater : « E. Leclerc remet l'église au centre du village en se rappelant au bon souvenir de ses concurrents. »

Emballement sur l'emballage

Le niveau de production d'emballages sera un sujet régulier de préoccupation pendant toute la période. Les causes de pénurie sont multiples : la surconsommation des premiers jours de mars a fait fondre les stocks d'emballages, l'explosion de la livraison à domicile mobilise les cartonneries, la demande mondiale pèse sur les matières premières, et les industriels de l'emballage, à l'instar des autres industries, voient leurs chaînes de production désorganisées par le confinement. Les brasseurs manquent de canettes, les minotiers manquent de sachets de farine, les producteurs d'œufs s'inquiètent, à l'image de Pascal Lemaire, le PDG de Cocorette : « Nous allons très vite manquer d'emballages car nous n'avons que trois fournisseurs pour toute l'Europe. Or le constat est identique chez nos voisins. Les boîtes de 6 et de 12 notamment vont rapidement faire défaut[1]. »

Dans *Ouest-France*, je découvre, incrédule, les propos du président des meuniers normands (ANMF), qui fustige le manque de patriotisme de la grande distribution, qui aurait fait des *choix bassement économiques* en privilégiant un approvisionnement en farines étrangères, alors que la production française aurait pu suffire. Ça m'énerve un peu, mais je vais finir par en rire en lisant la suite de son entretien. Alors que le

---

1. Agathe Lejeune, « Covid-19 : la production d'œufs suit, mais pas les emballages », *Linéaires*, 16 avril 2020.

journaliste l'interroge sur le manque de farine observé dans les rayons, son interlocuteur répond alors pour se justifier : « Il n'y aura pas de pénurie, juste un peu de délai pour s'organiser, le papier des sacs de farine vient d'Italie et il faut jusqu'à dix semaines de délai pour les livraisons[1]. » *Ah ! la mondialisation et ses choix bassement économiques !*

Problème connexe qu'on n'a pas vu venir : les encres. Sylvie Leboulenger, du magazine *LSA*, résume le dilemme : « Le prix des encres d'impression à base d'alcool a bondi, cet ingrédient étant très demandé pour produire les gels et solutions hydroalcooliques. Ce qui pénalise les fabricants de pain de mie et autres gâteaux en sachets, car ces emballages sont recouverts d'impression pour communiquer et protéger les aliments de la lumière[2]. »

Plastic Attack !

Les consommateurs français n'auront jamais été aussi stressés de faire leurs courses que durant le premier confinement. Il faut dire qu'on ne sait plus trop à quel saint se vouer. Pendant plusieurs jours, dans les médias, les débats se focalisent sur les modes de transmission du virus par les achats : cartons de livraison, fruits et légumes… *ne sont-ce pas là des vecteurs redoutables de transmission du virus ?* Les télés nous montrent des Français qui nettoient leurs emballages à l'eau de Javel

---

1. Guillaume Le Du, « Coronavirus. C'est la ruée sur les paquets de farine », *Ouest-France*, 7 avril 2020.
2. Sylvie Leboulenger, « Spécial coronavirus : Faut-il redouter une pénurie d'emballages ? », *LSA*, 8 mai 2020.

et leurs fruits et légumes au vinaigre. Sur le Net, comme dans la presse, on débat de la durée pendant laquelle il faut laisser reposer ses colis Amazon sur le balcon. En magasin, cela se traduit par une demande accrue de protection. Et l'une des solutions, c'est l'emballage plastique, dont l'organisation professionnelle indique d'ailleurs une hausse d'activité de 30 % pendant la crise. Pas surprenant.

À la sortie du confinement, les plus écologistes des Français hurleront contre cette pratique, mais entre mars et mai, il y a bien peu de monde pour s'en irriter. La secrétaire d'État à l'Environnement, Brune Poirson, monte au créneau, début mai, en dénonçant le lobbying des plasturgistes. C'est certainement avéré, mais au cœur de la crise, la demande de plastique a bien émané du terrain. Restons optimistes. Le reflux est inévitable, et, plus que toute autre, la société française est désormais très sensible à l'excès de plastique.

La mauvaise polémique de Foodwatch

Alors que nos équipes se décarcassent pour essayer de trouver des solutions à des problèmes inédits, je découvre, un peu consterné, que l'ONG Foodwatch lance une polémique dans laquelle elle veut entraîner notre enseigne. La tension sur la consommation est telle que la production (alimentaire et d'emballage) ne doit souffrir d'aucun retard. Or, face aux graves difficultés d'approvisionnement en matières premières et en emballages, les autorités gouvernementales ont accordé des dérogations aux fabricants pour que certains paramètres de production soient adaptés en fonction des approvisionnements disponibles, sans obligation de mise à jour des étiquettes et des emballages. Cela concerne, par exemple, le remplacement de l'origine d'un produit par une autre origine (des noisettes turques plutôt qu'italiennes), le changement du lieu de production d'un produit (fabrication dans une autre usine du groupe), voire le remplacement d'un ingrédient par un autre, dès lors qu'aucun risque pour la santé du consommateur n'est pas en jeu.

Deux conditions sont posées par Bercy : ces adaptations doivent être marginales et publiées sur le site internet de la Direction générale de la concurrence, de la consommation et de la répression des fraudes (DGCCRF). En surfant, on découvre ainsi qu'Auchan obtient une dérogation pour continuer à produire son clafoutis, quand bien même l'origine des cerises ne sera plus la même. Dans sa julienne de légumes, Carrefour remplace, provisoirement, les courgettes françaises par des courgettes espagnoles, tandis que Picard remplace de l'ail français par de l'ail espagnol, et Système U son chou-fleur bio français par une origine espagnole. Pour certains pâtés et certaines terrines des marques d'E. Leclerc, l'industriel transfère, temporairement, la production sur un autre site, capable de produire plus vite. En tout, une quarantaine de produits seront concernés.

L'ONG Foodwatch prend le prétexte de la défense du consommateur pour faire sa rentrée médiatique post-confinement à ce propos. Elle dénonce l'opacité et donne l'impression que tout est fait pour nuire aux consommateurs. Les ONG sont souvent des vigies. Elles peuvent nous agacer parfois, mais elles nous poussent à agir. J'ai eu des occasions de saluer le travail de Foodwatch, par le passé, mais là je trouve leur campagne franchement médiocre. Elle joue avec la peur, à l'heure où les Français sont au paroxysme du stress, et elle nourrit une petite musique complotiste (*on ne vous dit pas tout*) que je trouve déplacée. La campagne est perçue comme une injustice par beaucoup de salariés de l'industrie agroalimentaire et du commerce, qu'on tente de faire passer pour des cyniques, alors qu'ils sont mobilisés comme jamais, depuis des mois, pour trouver des solutions concrètes permettant de continuer à approvisionner les Français.

Gare aux tests de grossesse !

À la sortie du premier confinement, on me fait passer les chiffres de vente des tests de grossesse : + 30 %. J'y vois une forme de résilience ; les Français, malgré ce contexte oppressant, voudraient-ils encore croire en l'avenir[1] ? J'ai la mauvaise idée de m'en réjouir sur Twitter. Bien mal m'en a pris ! Voilà que mes « piaillements » réveillent une horde de violentes critiques. Les *collapsologues* prédisent un acte inutile, à l'heure où le monde s'effondre. Les *décroissants* trouvent irresponsable de faire des enfants, alors que nous sommes déjà trop nombreux à exploiter la Terre. Enfin, des militantes de la cause féministe me reprochent, en des termes fleuris, une lecture simpliste typique du « vieux mâle hétéronormé[2] » que je suis supposé pleinement incarner. Quelques jours plus tard, je découvrirai des

---

1. En décembre, une enquête montrera d'ailleurs que le télétravail serait propice aux siestes coquines ; voir Christine Mateus, « Sexe : Le reconfinement a réveillé la libido des télétravailleurs », *Le Parisien*, 8 décembre 2020.
2. Voir une définition dans Victoire Tuaillon, *Les Couilles sur la table*, Binge audio éditions, 2019.

articles évoquant l'impact perturbateur du confinement sur les cycles menstruels. Dont acte, même si, pour beaucoup de Français, le résultat positif d'un test de grossesse peut aussi être synonyme de bonne nouvelle ! Quoi qu'il en soit, je conclus de cette affaire que Twitter n'est décidément pas un lieu où l'on peut espérer partager une lecture positive de l'information !

Des querelles bien françaises

Librairies fermées. Fleuristes fermés. Magasins de bricolage fermés. Magasins de jouets fermés. Est-ce qu'on ne va pas trop loin en interdisant d'ouvrir à tous ces commerçants ? Cette question, je me la pose souvent, tout au long des confinements. Après tout, si les commerces alimentaires ont appris à canaliser le flux de clients, pourquoi en serait-il autrement pour les autres commerces ?

Cette impression d'un *deux poids, deux mesures* reviendra souvent dans les débats publics, symbole du désespoir de beaucoup de professionnels empêchés de travailler, mais aussi terrain de prédilection de quelques organisations professionnelles dont la raison d'être semble consister à entretenir de vaines polémiques. Souffler sur les braises chaudes des corporations est aussi un sport politique très français. Ainsi, la députée de Seine-et-Marne Patricia Lemoine (UDI-Agir) qui déclare à l'AFP : « Bien qu'il soit naturel que les grandes surfaces puissent approvisionner les Français en produits de première nécessité et d'alimentation, nous pouvons nous interroger sur la pertinence de la vente d'autres marchandises moins indispensables, tels que les vêtements, les fleurs, le bricolage et les produits de loisirs [...]. Ces grandes surfaces profitent, involontairement peut-être mais bien directement, des pics d'affluence générés par cette crise sanitaire pour renforcer leurs profits là où d'autres se meurent[1]. » *Un propos tout en nuance* !

Les fleurs du mal

Sommés de fermer leur boutique sur-le-champ, les fleuristes jettent leur marchandise ou la distribuent aux passants et aux soignants. C'est un crève-cœur pour eux, et tout commerçant a la capacité de comprendre leur désarroi. La fermeture des fleuristes n'a toutefois pas fait disparaître la production des horticulteurs. Et ces derniers appellent à l'aide la grande distribution, car la Covid-19 tombe au pire moment : primevères, renoncules, pâquerettes, pensées... près de 50 % du chiffre d'affaires des horticulteurs et des pépiniéristes se fait au printemps. Le 20 mars, le groupe Bigot-Fleurs, près du Mans, annonce qu'il va jeter à la poubelle un million de tulipes ! Dès la première semaine de confinement, le chiffre d'affaires des horticulteurs chute de 86 % par rapport à 2019, et de 70 % pour les pépiniéristes[2]. C'est la descente aux enfers de toute une filière. La colère est grande, et puisqu'il faut un bouc émissaire, c'est la grande distribution qui sera pointée du doigt. Les accusations sont relayées par quelques politiques, toujours prompts à aboyer avec la meute. Plus intelligent que d'autres, le président du

---

1. « Coronavirus : les commerçants fermés s'organisent face à la "concurrence déloyale" de la grande distribution », AFP, 19 mars 2020.
2. https://www.valhor.fr/fileadmin/A-Valhor/Valhor_PDF/Covid19_Resultats_Sondage_25032020.pdf

département de la Mayenne, Olivier Richefou (UDI), en appelle très vite à une coopération renforcée entre grande distribution et producteurs, pour soutenir les ventes de plantes par le biais des magasins et privilégier les circuits courts[1]. *Ça change de la musique habituelle !*

Le 1er mai n'apaise pas les choses. Habituellement, les brins de muguet se vendent d'abord chez les fleuristes (31 %), puis en grande distribution (25 %) et dans la rue (20 %)[2]. Fin avril, sur Europe 1, Didier Guillaume, le ministre de l'Agriculture, douche les espoirs des fleuristes : « On ne va pas faire n'importe quoi, la vente à la sauvette sera totalement interdite, les fleuristes n'ouvriront pas, parce que les magasins seront fermés[3]. » Colère de la profession. Le 30 avril, Alain Griset, alors président de l'Union des entreprises de proximité, annonce, après un échange téléphonique avec Matignon, que les fleuristes pourront finalement vendre les muguets depuis un stand de plein air, devant leurs boutiques. C'est la confusion et, pour beaucoup, fermés depuis le 16 mars, l'autorisation tombe tardivement. Pour éviter la perte de millions de brins de muguet, il est demandé aux commerces alimentaires de les vendre. Mais pour ne pas mécontenter les fleuristes, on leur demande de ne faire aucune publicité ! Autrement dit, il faut vendre plus de muguet *et, en même temps*, ne pas en faire de pub auprès des consommateurs... un défi ! Pour ne pas entretenir une vaine polémique de plus, E. Leclerc

---

1. France Bleu Mayenne, 23 mars 2020.
2. Source Kantar, citée par France 3 Auvergne-Rhône-Alpes, le 28 avril 2020.
3. Europe 1, 21 avril 2020.

décide que les recettes tirées de cette vente seront reversées à la Fondation de France, aux Hôpitaux de Paris et à l'Institut Pasteur. De fait, l'alliance « Tous unis contre le virus » recevra, en fin d'opération, un chèque de 206 000 euros.

Même les libraires brûlent leurs idoles

Le secteur est fragile et pourrait ne pas se relever de cette crise de la Covid-19. Il vit mal sa fermeture, décrétée par l'État, le 17 mars, alors que la grande distribution reste ouverte. Le 18 mars, le Syndicat national de la librairie française publie ses exigences dans un communiqué : « La poursuite des commandes et des retraits de livres *via* la grande distribution ou Amazon représente une hérésie sanitaire et une concurrence déloyale, et nous appelons le gouvernement à y mettre fin. »

Sur Twitter, je suis interpellé : « Votre magasin de X continue à vendre des livres. » « Boycott ! », « Honte sur vous ! », « Il faut interdire à la grande distribution de vendre des livres pendant le confinement », et autres joyeusetés. Je vois fleurir des pétitions ou des revendications d'élus pour demander qu'on interdise aux supermarchés de vendre des livres ou des albums à colorier durant le confinement. Allons bon, on voudrait demander aux hôtes de caisse de faire la police de la consommation ? J'imagine la scène en caisse : « Bonjour monsieur, il faut reposer l'album à colorier sur lequel vous comptiez pour occuper votre enfant pendant vos heures de télétravail. » Situation intenable évidemment. *Qu'ils viennent donc faire la police des chariots, tous ces pourfendeurs du grand commerce,*

Des querelles bien françaises

et ils verront comme les clients seront réceptifs à leurs revendications !

Interrogé en mars sur les demandes de syndicats de libraires de faire fermer les rayons culturels des hypermarchés, mon confrère Alexandre Bompard, PDG de Carrefour, explique : « Je ne sais pas découper les rayons d'un magasin. » Bruno Le Maire semble comprendre les difficultés techniques que cela poserait et ne cherche pas à en rajouter. L'affaire s'arrête là en mars 2020, mais lors du deuxième confinement, en novembre, l'impensable aura finalement lieu, avec la décision de faire fermer les rayons non alimentaires des supermarchés ! Cela sera source de confusion, de tension et d'incompréhension de la part des salariés comme des clients.

Les libraires ont la chance d'avoir un ministre de l'Économie qui est aussi une belle plume. Dès le 19 mars 2020, il ouvre la porte à la négociation : « Moi j'estime que les librairies sont un commerce de première nécessité, c'est ma conviction, je suis prêt à rouvrir cette question[1]. » Curieusement, les syndicats de libraires ne saisiront pas la main tendue. Certains s'interrogent sur cette fin de non-recevoir lors du premier confinement.

Début avril, le sociologue Claude Poissenot court au lynchage en s'interrogeant sur son blog : « Comment demander aux clients de rester fidèles aux librairies quand celles-ci sont fermées pour une durée indéterminée au moment même où on a davantage le temps de lire[2] ? » Un questionnement intéressant, dont je pressens qu'il risque d'irriter.

---

1. France Inter, « Le 7-9 », 19 mars 2020.
2. https://www.livreshebdo.fr/article/le-livre-bien-indispensable

Sans grande surprise, quelques heures plus tard, l'auteur revient faire acte de contrition : « À ceux qui se sont sentis insultés et agressés, je présente mes sincères excuses[1]. » tout en réaffirmant certaines vérités : « Le client des librairies ne se rend pas dans une librairie parce que c'est une librairie indépendante qui défend des valeurs abstraites (la Culture : laquelle ? Définie par qui ?). Cela peut le conduire à faire le premier pas mais c'est ensuite l'accueil et les services qui lui seront proposés qui seront le support d'une relation personnelle voire d'une fidélisation[2]. » Les commentaires sous ces deux articles sont souvent très violents, mais ce n'est rien au regard de ceux que va récolter le promoteur du prix unique du livre, l'éternel ministre de la Culture de la République française.

Dans *Le Monde*, Jack Lang relance la polémique. Il reproche aux libraires de n'avoir pas voulu ouvrir, alors que le gouvernement leur avait proposé : « On a pourtant trouvé des solutions pour que les gens puissent acheter à manger dans une supérette[3]... » Sans surprise, la riposte est immédiate. Le Syndicat de la librairie française (SLF) tire à boulets rouges : « C'est au nom des valeurs que vous défendez que les libraires ont jugé prématurée une réouverture de leurs commerces au pic de l'épidémie[4]. » Et le syndicat d'aller plus loin dans l'attaque : « Vous avez souvent dit que le livre n'était pas un produit comme les autres,

---

1. https://www.livreshebdo.fr/article/claude-poissenot-sexcuse-et-repond-aux-libraires
2. *Ibid.*
3. « Jack Lang : Une politique publique doit défendre ses créateurs », *Le Monde*, 5 mai 2020.
4. http://www.syndicat-librairie.fr/flash_info_du_6_mai

Des querelles bien françaises 105

ni les librairies un commerce ordinaire. C'est bien au nom de cette spécificité et des valeurs qu'elle recouvre que *nous avons fait primer la vie sur nos intérêts financiers à court terme.* »
Je ne sais pas si le Syndicat de la librairie française a été le meilleur défenseur des intérêts des libraires et du livre durant ce premier confinement. Je pense même l'inverse, d'autant que, par sa position inflexible, il a créé une atmosphère délétère, où certains libraires, qui proposaient des systèmes performants de click & collect, ont été conspués. Le positionnement de ce syndicat sera d'ailleurs radicalement différent à l'automne 2020.

La fin des illusions

Le deuxième confinement a en effet le mérite de clarifier les choses et de remettre la fameuse question des « valeurs » face aux réalités. Si les fleuristes se montrent plus silencieux à l'annonce d'une nouvelle fermeture en novembre, les syndicats de libraires, quant à eux, prennent le contrepied de leurs positions moralisatrices, et le ton de l'automne n'a plus grand-chose de commun avec celui du printemps. Il faut dire qu'avec Noël qui pointe son nez, ce n'est pas le moment de rester rideau baissé. Alors le syndicat monte au créneau ; la profession défend sa capacité à réguler les flux de visiteurs et à faire respecter les jauges. Heureux retournement qui sauvera de la faillite plus d'un libraire !

Au final, les ventes de livres n'auront reculé « que » de 3,3 %[1] sur l'année 2020. Loin de l'apocalypse

---

1. Chloé Woitier, « Les librairies françaises ont réussi à limiter la casse en 2020 », *Le Figaro*, 5 janvier 2021.

redoutée, et c'est tant mieux. Il faut dire qu'entre les deux confinements, la profession a poussé les feux sur la digitalisation, ce qui lui a permis de tripler les ventes, grâce notamment à des plateformes comme librairiesindependantes.com, où l'on retrouve facilement l'offre de quelque 1 200 librairies de quartier comme « d'institutions » telles Dialogues (Brest), Ombres blanches (Toulouse) ou L'Armitière (Rouen). La qualité de la rentrée littéraire, l'engouement et la fidélité des lecteurs feront le reste.

Tous « essentiels » !

Il y a la santé, l'économie, mais ce sont aussi des tranches de vie qui se déroulent dans cette bataille quotidienne. « Bonjour Monsieur Leclerc. Une demande particulière et un peu originale ! Pour la bénédiction de l'huile sainte, il faut de l'huile d'olive. La secrétaire n'ose pas se présenter au magasin et acheter 25 litres sur place. Puis-je la mettre en relation avec un responsable de Quimper ou Landerneau ? Je sais que vous avez des questions plus urgentes à traiter, mais… » Cet improbable SMS du curé de Landerneau – la ville berceau de ma famille et du Mouvement E. Leclerc – me fait sourire quand je le découvre. Il n'y a pas de petite priorité, et l'idée qu'E. Leclerc approvisionne l'évêché breton en huile sainte me plaît bien ! Je sollicite l'aide de Rémy Jestin, président de la coopérative bretonne, qui partage humour et sens de l'efficacité : « Michel, nous savons tous que Landerneau est une Terre sainte ! On s'en occupe ! » Les fidèles ignoreront qu'ils ont, un temps, été bénis à l'huile d'olive « Bio Village ». *Une révélation !*

Pendant les deux confinements, les initiatives de solidarité viendront de toutes parts et démontreront que cette valeur est bien ancrée dans notre pays. Entre deux polémiques, que les réseaux sociaux nourrissent trop facilement, une foule de belles actions voient le jour partout sur le territoire, en métropole et dans les Outre-mer. Les magasins ne sont pas en reste. Il y a bien sûr les livraisons de produits alimentaires aux personnels soignants, les dons de masques et de blouses. Dominique Schelcher, le patron de U, possède un magasin à Fessenheim. Il est confronté à la Covid-19 depuis déjà plusieurs semaines, bien avant nous tous. Je crois que c'est à son initiative, sensibilisé par Jean Rottner, le président de la région Grand Est (par ailleurs médecin), que proposition est faite, aux autres distributeurs, d'étendre à tout le territoire un accès privilégié en caisse aux personnels de santé ou à leur proposer des horaires dédiés.

Partout, des centaines d'initiatives de ce type se sont multipliées durant tout le printemps.

Des industriels comme L'Oréal Paris, Pierre Fabre Group, Procter & Gamble, Ricard, Bacardi et Unilever font muter une partie de leur appareil productif pour produire du gel hydroalcoolique et en offrent, en signe de reconnaissance, aux salariés des entrepôts et des magasins/drives. Le constructeur automobile Seat, mais aussi PSA, Schneider Electric, Valeo et Air Liquide s'associent pour produire des dizaines de milliers de respirateurs en un temps record. Decathlon collabore avec des équipes de recherche médicale pour adapter son masque de plongée « Easybreath » aux besoins des personnels soignants. Intermarché convertit son usine de production de couches de Brocéliande pour fabriquer des masques. Des *pure players* de l'emploi comme LinkedIn, Indeed ou Leboncoin offrent des espaces publicitaires aux entreprises qui ont besoin de recruter rapidement pour suivre les cadences de production. La société Uber met en place un service spécial pour le déplacement des équipes de santé entre leur domicile et leur lieu de travail. Toutes les bonnes volontés s'expriment.

Ces milliers de gestes spontanés, expression d'une sensibilité partagée, ont pu illusionner un peu ceux qui attendaient du post-confinement le basculement dans un monde nouveau, plus bienveillant... la réalité sera un peu différente. Aussi le coup de téléphone que me passe, le jour du réveillon de Noël, le ministre des Transports Jean-Baptiste Djebbari est-il l'occasion de terminer l'année sur un acte de solidarité stimulant. Avec la recrudescence de la Covid-19 au Royaume-Uni, l'Europe continentale a refermé ses portes et exige des contrôles sanitaires renforcés pour les voyageurs en provenance du pays. C'est un drame pour les centaines de chauffeurs routiers français coincés à Douvres, qui ne peuvent pas réveillonner en famille. En quatre heures, E. Leclerc participe, aux côtés d'Auchan, à une impressionnante opération logistique (coordonnée par la Croix-Rouge française et Geodis). À la hâte, 550 paniers repas sont confectionnés par les équipes des magasins les plus proches des côtes anglaises, à Dunkerque et Bergues. Saumon fumé, huîtres, vin, pain, jambon, fromage, bûches et galettes des rois... *les routiers sont sympas* et méritaient bien ça !

Violences intrafamiliales

Si l'on nous abreuve sur les vertus du confinement pour l'épanouissement personnel et le renforcement de la vie de couple, il est aussi des histoires plus terrifiantes, avec des violences conjugales qui augmentent de manière vertigineuses (+ 40 % lors du premier confinement et + 60 % lors du confinement de novembre[1]). Horreur absolue. Pour beaucoup de femmes, le huis clos vire au cauchemar. À Saint-Denis-lès-Sens, à Pau, à Tarbes, à Limoges, à Saint-Paul-lès-Dax, à Concarneau, à Mont-de-Marsan, à La Réunion, à Nantes, à La Rochefoucauld-Rivières, à Saint-Parres-aux-Tertres, à la Martinique, nos adhérents répondent à l'appel de la ministre Marlène Schiappa (puis d'Élisabeth Moreno) et accueillent, dans leurs galeries, des permanences associatives pour venir en aide aux femmes victimes de violences. Ils font inscrire au pied des tickets de caisse des messages d'information, avec le numéro d'urgence. Ce sont autant de formidables initiatives, dont il faudra réfléchir à un prolongement au-delà de cette période spéciale. Les centres commerciaux ne sont-ils pas un lieu adapté pour abriter ce type d'actions d'information ?

La culture, quand même !

Chaque année, depuis sept ans, l'équipe des Espaces culturels E. Leclerc se mobilise pour déployer, partout en France, le festival Culturissimo. L'essentiel consiste en des lectures de grands textes de littérature par des comédiens de renom. Depuis deux ans, on a ajouté des concerts. Des soirées sont habituellement organisées, partout en France, dans des lieux emblématiques de nos régions. Mais avec la Covid-19, tous ces événements culturels tombent à l'eau. Par solidarité avec les artistes qui paient un lourd tribut à cette crise, l'enseigne décide de maintenir le festival. Il sera

---

1. *Les Échos*, 11 janvier 2021.

« online ». En quelques jours, les artistes répondent présents : Daniel Mesguich, Jacques Weber, Nicole Garcia, Clotilde Courau, Hippolyte Girardot, Stéphane Freiss, Bruno Putzulu, Irène Jacob et aussi des pensionnaires de la Comédie-Française, comme Dominique Blanc, Didier Sandre, Laurent Stocker... tous se succéderont sur la scène du petit théâtre de la Porte-Saint-Martin, à Paris. Ils viennent y lire des œuvres, sur scène, avec pour seul public l'œil d'une caméra et le regard bienveillant d'un cadreur masqué. Noa, Ours, Alain Souchon, Jean-Louis Aubert et d'autres donnent, quant à eux, des « concerts confinés » depuis chez eux. Un peu de douceur dans ce monde si stressé !

Quelques semaines plus tard, en septembre, le prix Landerneau des lecteurs puis, en novembre, le prix Landerneau BD, se tiendront par visioconférence. C'est triste pour les jurés, qui ne peuvent profiter pleinement de la bienveillance des présidentes, respectivement Karine Tuil et Catherine Meurisse. C'est aussi triste pour les auteurs récompensés (Lola Lafon, ainsi qu'Hubert et Zanzim) qu'on ne pourra pas fêter en grande pompe, comme c'est normalement la tradition.

À Landerneau, au Fonds Hélène et Édouard Leclerc pour la culture, on se bat pour ouvrir l'exposition initialement dédiée à Enki Bilal. Le lieu vit au gré des ouvertures et des fermetures administratives. L'été redonne un peu d'espoir, les visiteurs répondent présents, ils s'enregistrent, patientent, prennent rendez-vous. Alors que l'expo démontre sa capacité à attirer le public, malgré les circonstances, l'annonce du deuxième confinement est un coup dur pour notre petite équipe. Soudée et dynamique, je la sens soudainement vaciller. Elle s'était tant investie dans la réouverture... je trouve les représentants des musées nationaux bien peu vindicatifs en comparaison de ceux des théâtres ou des salles de concert.

Le monde d'après est déjà mort

De façon surprenante, le deuxième confinement n'aura rien à voir avec le premier en matière d'ambiance et de compétition compassionnelle. En novembre, on n'applaudit plus ni les soignants ni les caissières le soir, à 20 heures. Les réseaux sociaux ne bruissent plus des mille et une initiatives de solidarité entre voisins, salariés et élus. La lassitude a gagné les cœurs. La colère remplace la sidération du premier confinement. La vie d'avant a repris ses droits et, avec elle, l'indifférence et le chacun pour soi. Même si l'on compte toujours sur la solidarité nationale pour sauver les entreprises et les emplois, on ne rêve déjà plus du monde d'après. La sortie de la Covid, avec l'arrivée des vaccins, n'est plus vue comme un horizon inatteignable. Mais pour aller où ? *Le monde d'après* semble bien être celui du chômage de masse, des faillites, du remboursement de la dette et du pouvoir d'achat rabougri. Après avoir été un idéal vers lequel il faudrait tendre, il devient un repoussoir vers lequel on n'est pas si pressé de cheminer.

Gérer la crise

Les crises sont des moments de tests sur les valeurs des individus et sur la solidarité d'un groupe. Au siège du Mouvement E. Leclerc, la cellule de crise, constituée de plusieurs chefs d'entreprise de l'enseigne et de collaborateurs experts, est animée par Stéphane de Prunelé, le secrétaire général du groupement. Elle est en contact permanent avec les seize représentants des coopératives régionales, pour échanger sur les protocoles sanitaires, tandis que remontent les informations du terrain sur la réaction des salariés, des consommateurs, de l'attitude de l'administration et, bien sûr, les problèmes d'approvisionnement. Le bureau du conseil d'administration se réunit tous les jours également. Composé de cinq adhérents, il garantit la cohérence de l'ensemble. On y retrouve ainsi Karine Jaud pour la Mayenne, Philippe Michaud pour la Normandie, Daniel Prunier pour l'Alsace, Laetitia Magré pour Rhône-Alpes et Didier Gravaud pour les Landes. Cette implication des acteurs de terrain, à tous les niveaux de la chaîne de décision, est une vraie force. C'est aussi la garantie pour les adhérents membres de la coopérative que les décisions qui sont prises « au national » seront toujours en adéquation avec la réalité de la vie en magasin. Dans le même temps, il faut partager ces informations avec des concurrents devenus collègues et parler, si possible, d'une seule voix avec les administrations et les politiques. Des dizaines de conférences audio et vidéo sont ainsi organisées chaque jour et permettent aux acteurs de l'enseigne de garder une bonne visibilité durant les crises.

Présente sur tout le territoire, l'enseigne ne vit pas la crise de la même façon partout. Lors du premier confinement, l'Ouest du pays est plus épargné par le virus. Certaines craintes d'adhérents franciliens ou alsaciens peuvent, dès lors, sembler exagérées vues de Bretagne ou des Landes. Dans de telles conditions, il n'est pas simple d'aboutir à un diagnostic partagé, condition indispensable à la mobilisation générale de toute l'enseigne. L'urgence d'agir n'est pas la même pour tous. L'ampleur des réponses à apporter n'est pas perçue avec la même acuité.

Il en est de même pour nos adhérents hors de métropole et de France. Dans cette crise inédite, ils doivent d'abord compter sur eux-mêmes pour s'adapter aux décisions de leurs gouvernements. Bien sûr, ils peuvent s'appuyer sur le siège français et sur leurs structures nationales respectives. Mais être adhérent E. Leclerc en Pologne, en Slovénie, en Espagne ou au Portugal n'offre pas l'accès aux mêmes centres de décisions qu'en France.

Vous parlerais-je aussi de nos magasins des Outre-mer ? Déjà sévèrement pénalisés par les mouvements de Gilets jaunes et les grèves des dockers entre 2018 et 2019, nos amis réunionnais, guadeloupéens et martiniquais ne sont pas entrés en position de force dans cette pandémie. Et pourtant, ils ont su tenir le choc, avec beaucoup d'imagination et de système D.

Concurrents, mais bienveillants

Comme le souligne justement Alexandre Bompard, le patron de Carrefour : « La crise a modifié en profondeur la manière de piloter l'activité, de communiquer, de construire le dialogue social, d'échanger avec les pouvoirs publics. Elle n'était pas un élément à gérer en plus du reste, mais un bouleversement total de la gestion de l'entreprise[1]. » C'est particulièrement vrai dans le commerce.

Durant toute la crise, les échanges entre les patrons de la distribution ont aussi été nombreux, répétés et chaleureux. Ensemble nous avons décidé de geler la diffusion des catalogues, de décaler le *Black Friday* et de donner la priorité aux produits frais français. Collectivement, nous avons confronté nos expériences sur la protection des salariés, trouvé des solutions avec les transporteurs routiers et renforcé les protocoles sanitaires pour rouvrir tous les commerces avant Noël. Solidaires, nous avons fait front commun, dès le mois de mars, pour exiger des pouvoirs publics qu'ils nous laissent acheter des masques en Asie pour équiper les salariés, alors que le gouvernement n'entendait donner la priorité qu'aux seuls soignants. À chaque fois, nous avons essayé de proposer des actions et des positions qui fassent consensus. Finalement, il n'y a que sur les jours et les heures de fermeture des magasins que nous n'avons pas réussi à nous mettre d'accord. Il restera sûrement quelque chose de ces mois de travail collectif pendant cette pandémie. Concurrents, mais bienveillants.

---

1. « Carrefour : dans les coulisses d'une année hors norme avec Alexandre Bompard », *Les Échos*, 17 décembre 2020.

En bonne entente avec Bercy

Dans le passé, mes relations avec le gouvernement d'Édouard Philippe n'ont pas toujours été paisibles. Je n'ai jamais compris l'obligation qui nous a été faite, avec la loi Egalim, de relever les prix des produits de grandes marques. Je n'ai jamais compris cette fumeuse *théorie du ruissellement* selon laquelle en facturant plus cher le Coca-Cola, l'Évian ou le Ricard, ça ferait l'affaire des paysans français ! Notre opposition à cette décision a fait d'E. Leclerc un mouton noir pendant tout le quinquennat !

Mais pour le coup, je dois reconnaître que ce gouvernement fut, avec Bruno Le Maire, Agnès Pannier-Runacher, Didier Guillaume et Muriel Pénicaud, à la hauteur des enjeux sur la gestion économique de cette crise. Du moins pour les parties dont j'ai eu à traiter. J'ai lu que le président de la République leur avait donné pour consigne, au déclenchement de la crise, de « ne pas agir en technocrates ». Le message a été bien reçu et ils ont fait la démonstration de leur agilité et de leur rigueur.

Tous les jours, ou presque, le ministre et la ministre déléguée de l'Économie, souvent épaulés par leur collègue de l'Agriculture, ont tenu une réunion téléphonique avec l'ensemble des représentants du commerce et de l'agroalimentaire. Tout pouvait y être dit, sans filtre. Chacun des participants n'a eu de cesse d'apporter des éléments précis pour faire avancer concrètement les sujets, sans se perdre en conjectures. Pas de flagornerie, les réunions ont toujours été menées avec un objectif d'efficacité opérationnelle. Arrêtés ministériels et décrets étaient publiés dans les heures suivant nos réunions, souvent préparés dans la nuit par de hauts fonctionnaires tout aussi engagés et agiles.

Bien sûr, je ne doute pas que d'autres Français, ou d'autres professions, n'auront eu ni la même expérience, ni le même ressenti. Je ne suis pas assez expert des questions sanitaires pour évaluer la pertinence de la stratégie vaccinale, mais j'entends qu'elle suscite certaines réactions qui me semblent légitimes. En tant qu'acteur culturel (*via* notre Fonds à Landerneau), je ne comprends pas les décisions imposées au monde culturel. En tant que citoyen, je reste inquiet qu'on prolonge, *ad vitam æternam*, un état d'urgence sanitaire qui ronge nos libertés (attestations de déplacement, limitation des rassemblements, etc.) et étouffe nos interactions sociales. En tant que distributeur, j'ai déploré la mauvaise gestion de la pénurie de masques en début de pandémie (qui restera un boulet pour ce gouvernement) et certaines inepties administratives dont on se serait volontiers passés. Mais depuis mon poste d'observation et pour ce qui est du strict secteur de la grande distribution, il m'est difficile d'imaginer qu'au vu d'une telle pagaille globale, tout autre gouvernement aurait eu la capacité de faire mieux sur l'instant.

Grands écarts politiques

Quelques couacs resteront au Panthéon de l'absurdité organisationnelle. Outre qu'elle révèle une méconnaissance des déplacements en zone rurale, la limitation des déplacements à un kilomètre de son domicile aura fait souffrir beaucoup de magasins. Aucun argument sanitaire ne venait justifier que faire trois kilomètres de plus exposerait davantage au virus. Parfois, c'est aussi un manque de pédagogie qui vient questionner le sens d'une décision, comme cette histoire des stations de ski ouvertes pour Noël, mais avec des remontées mécaniques fermées !

Que dire également de l'épisode des sapins de Noël ? Quand, en septembre, le nouveau maire écologiste de Bordeaux se prend une volée de bois vert pour avoir annoncé réfléchir à la suppression du traditionnel sapin de Noël devant la mairie, le Premier ministre Jean Castex n'imagine pas alors que quelques semaines plus tard, il devra lui aussi légiférer sur cet arbre mythique. En effet, avec la fermeture des commerces non alimentaires fin octobre, la vente des sapins de Noël devient *de facto* illégale. Nous sommes quelques-uns à alerter très tôt le gouvernement sur ce sujet, car pour être disponibles en magasin début décembre, les six millions de sapins vendus chaque année sont coupés en novembre ! Le temps presse, et 56 % des sapins sont généralement vendus avant le 9 décembre. Le 20 novembre, le gouvernement finit par lâcher du lest : on pourra bien vendre des sapins. Il aura donc fallu un mois pour faire évoluer une décision évidemment prévisible. Que de temps perdu et d'énergie dépensée inutilement !

Une fois encore, notre profession devra faire en quelques heures ce qu'elle aurait pourtant pu préparer sereinement depuis plusieurs jours[1]. Et on n'est pas encore au bout de l'absurdité ; si l'on peut désormais vendre le sapin, on ne peut, en revanche, toujours pas vendre les guirlandes pour le décorer... il faudra attendre le 15 décembre pour ça !

---

1. Pauline Achard, « Trier par rayon ou par produit ? Dans les supermarchés, le pli n'est pas encore pris », *Libération*, 3 novembre 2020.

Absurdités technocratiques

D'autres absurdités se seront succédé durant ces confinements, plus discrètes certes, mais tout aussi exaspérantes quand il faut gérer mille autres urgences. Ces inspecteurs des Direccte (Directions régionales des entreprises, de la concurrence, de la consommation, du travail et de l'emploi) par exemple qui, à peine le premier confinement déclenché, écrivent aux magasins pour leur demander de justifier, pour chacun des employés de l'entreprise, les raisons qui empêchent de les placer en télétravail ! Il faut imaginer la tête d'un patron de magasin à la lecture de la sommation : « Vous me justifierez, pour les postes pour lesquels le télétravail n'a pas été mis en place, de l'impossibilité de le mettre en place » ! Il est difficile d'inviter les hôtes et les hôtesses de caisse, les bouchers ou les employés libre-service à exercer leur métier depuis leur domicile. Faut-il vraiment le justifier ?

La créativité juridique aura aussi été préfectorale et municipale, avec des arrêtés variés interdisant tantôt la vente d'alcool ou contredisant les directives ministérielles sur la fréquentation des magasins. Un peu partout sur le territoire, on nous remonte des initiatives hallucinantes, comme des clients ici ou là, priés par des gendarmes de justifier en quoi chacun des produits de leur chariot était bien un produit « essentiel ». Certains escadrons verbaliseront sévèrement des salariés au début du confinement, parce qu'ils n'auront pas eu le réflexe de renouveler leurs autorisations de déplacement avant d'aller travailler.

La fermeture des rayons non alimentaires des magasins, en novembre 2020, va pousser les préfets à devoir jouer un rôle absurde, que beaucoup d'entre eux trouvent d'ailleurs totalement déplacé. Pour apaiser la colère des commerçants fermés, le Premier ministre décide qu'il faut médiatiser fortement les contrôles en magasin. C'est ainsi que préfets et forces de l'ordre viennent patrouiller en magasin, accompagnés des médias locaux, dès le lendemain de l'entrée en vigueur de l'interdiction de vendre des produits « non essentiels ». Les équipes en magasin sont furieuses, car elles ont dû bosser une partie de la nuit pour appliquer une *décision injustifiable*. Les clients sont furieux, quant à eux, parce qu'on leur interdit d'acheter un vêtement ou un livre, alors même que ces produits sont sous leurs yeux. Les forces de l'ordre, épuisées par des années de mobilisation Vigipirate, ne méritaient-elles pas mieux que de jouer les arbitres dans les rayons ?

Bourdes médiatiques

Les « boulettes » et autres maladresses ne sont pas toutes du côté de l'administration. Il m'arrive aussi d'en commettre quelques-unes ! Invité sur LCI le dimanche 29 novembre, j'ai la mauvaise idée de baisser la vigilance au moment où la journaliste, Amélie Carrouër, me demande s'il serait possible que l'accès des centres E. Leclerc soit réservé aux gens qui ont téléchargé l'application « TousAntiCovid ».

J'entends la question comme une invitation à un exercice d'imagination et j'y réponds dans cet esprit : « Après tout, on exige bien que les gens portent des masques pour entrer dans nos magasins. » Quelle idée m'a pris ! Au lieu d'entendre mon propos comme une réaction à une éventuelle décision gouvernementale, certains estiment que c'est une revendication de ma part. Sans surprise, l'embrasement sur Twitter est immédiat. J'ai réussi à coaliser tous les « anti » qui s'ennuyaient un peu en ce dimanche pluvieux ; anti-masques, anti-vaccins, anti-autorité... tous me tombent dessus, et leur verve est à l'égal de leur anonymat ; « collabo ! », « boycott Leclerc », etc. Le point Godwin[1] est atteint dès le troisième message, lorsque qu'on me jette à la tête une représentation de l'abominable étoile jaune imposée aux Juifs par les nazis durant la Seconde Guerre mondiale, accompagnée de cette abjecte interrogation : « Faudra-t-il porter ça aussi pour rentrer chez vous ? » Ça va loin...

Un pays à cran

La veille, à Altkirch, en Alsace, un client s'en est pris à un agent de sécurité du centre E. Leclerc qui lui interdisait l'accès au magasin tant qu'il ne porterait pas son masque. Furieux, le client est allé chercher une barre de fer et a battu violemment le vigile, tandis que son épouse lui donnait des coups de pied. Bilan : 10 jours d'incapacité temporaire de travail pour l'agent de sécurité.

Au magasin GIFI d'Aubervilliers, la presse relate que le 2 novembre, devant l'agressivité de certains clients bien décidés à acheter des biens « non essentiels », les salariés ont préféré baisser les bras et les laisser acheter ce qu'ils voulaient, avant de faire valoir leur droit de retrait.

Le pays est à cran, on danse sur un brasier.

---

1. On dit d'une personne qu'elle a atteint le point Godwin lorsqu'elle se réfère au nazisme, à Hitler ou à la Shoah pour disqualifier l'argumentation de son opposant.

Retour en confinement

Un été en trompe-l'œil

L'été n'aura été qu'une parenthèse, et le reconfinement de l'automne porte un sérieux coup au moral des Français. La situation qui perdure au-delà du réveillon de la nouvelle année 2021 n'arrange pas les choses.

Fin septembre, Esther Duflo et Abhijit Banerjee, prix Nobel d'économie 2019, jettent un pavé dans la mare en proposant d'instaurer, entre le 1er et le 20 décembre, un « confinement de l'Avent, pour sauver Noël[1] ». Les deux économistes proposent que les cours se tiennent à distance quinze jours avant Noël, afin de limiter les contaminations croisées à l'école et permettre ainsi aux familles de se retrouver pour fêter Noël. Cette anticipation permettrait également de gérer l'ouverture des commerces et le maintien d'activités artisanales, moyennant quelques règles renforcées pour limiter les flux. Leur scénario veut prendre de court la circulation du virus et permettre ainsi d'éviter qu'on retombe dans un confinement total.

---

1. « Il faut décréter un confinement de l'Avent pour sauver Noël », *Le Monde*, 26 septembre 2020.

Pour étayer leurs propos, les deux chercheurs font deux observations : la hausse progressive et rapide des nouveaux cas de contamination dans la population d'un côté et, de l'autre, l'émergence, chez les professionnels indépendants, d'un refus généralisé d'envisager une nouvelle limitation des activités en cas de deuxième vague. Pour preuve, la situation à Marseille, où professionnels et élus locaux se rebellent face à la décision des autorités sanitaires d'instaurer un couvre-feu local.

Un accueil glacial est réservé à leur proposition. Interrogé le lendemain de la parution de la tribune, le ministre de la Santé rejette l'idée : « Anticiper un confinement de trois semaines me semble de la prédiction. Je ne suis pas fana de la prédiction, mais de l'anticipation. […] Je ne me projette pas dans deux mois, mais au jour le jour[1]. » À la lecture de ce qu'il va se passer quelques semaines plus tard, on regrette que les deux économistes n'aient été vus que comme des Cassandre.

L'Acte II du confinement

Le 28 octobre, le président de la République fait son retour sur les téléviseurs des foyers français et annonce la mise en place d'un nouveau confinement, jusqu'au 1er décembre, au moins. Quelques nuances sont toutefois à observer par rapport au confinement du printemps. Si le télétravail redevient le mode de travail « par défaut » pour les salariés du tertiaire, les écoles resteront ouvertes, tandis qu'une série de

---

1. RTL, 27 septembre 2020.

professions (artisans, techniciens, etc.) pourront poursuivre leur activité. À peine rouverts, les restaurateurs doivent refermer leurs portes et se consacrer à la vente à emporter ou à la livraison à domicile. Certains commerces peuvent ouvrir, d'autres non. Il y a beaucoup plus de Français dans les rues la journée, le périphérique parisien est certes fluide, mais reste chargé. On peut se promener sur les plages et en forêt jusqu'à vingt kilomètres autour de son domicile (à partir du 15 décembre). Bref, le gouvernement a voulu un confinement adapté, voire relâché. Pour ma part, je crois qu'il n'y a rien de plus difficile à gérer qu'une règle assortie de multiples exceptions. Les graines de la discorde sont ainsi semées.

L'archipel français

Entre le premier et le deuxième confinement, l'état d'esprit des Français a radicalement changé. C'est une France fracturée, disloquée, *archipélisée*[1] qui entre dans cet automne confiné.

La révolte gagne du terrain chez les professionnels qui, une nouvelle fois, doivent fermer leurs portes. Si les restaurateurs et les artisans sont désespérés et commencent à se faire entendre, les plus virulents sont les commerçants non alimentaires. Le Premier ministre, Jean Castex, les a maladroitement classés dans la catégorie des « commerces non essentiels », là où son prédécesseur s'était contenté de ne parler que de « commerces essentiels » pour évoquer ceux qui pouvaient

---

1. *Cf.* Jérôme Fourquet, *L'Archipel français. Naissance d'une nation multiple et divisée*, Seuil, 2019.

rester ouverts. La nuance n'est pas que stylistique. Les commerçants fermés reçoivent ce qualificatif de « non essentiel » en pleine figure. J'alerte Bruno Le Maire sur cette formulation, inutilement blessante et humiliante. Mais le mal est déjà fait.

À l'approche de Noël, et pour beaucoup de commerçants (librairies, habillement, jouets, etc.), c'est la moitié du chiffre d'affaires annuel qui risque de partir en fumée. Et puis ils sont épuisés par les hivers 2018 et 2019, durant lesquels ils ont été empêchés de profiter de l'euphorie de Noël pour cause de mobilisations sociales contre les retraites et de manifestations à répétition des Gilets jaunes. Ce nouveau confinement, c'est la goutte d'eau qui fait déborder le vase.

La « giletjaunisation » des commerçants

C'est ainsi que la conjonction de toutes ces colères catégorielles va aboutir à la situation la plus ubuesque qui soit. Les libraires sont les premiers à exprimer leur colère. Ils seront rejoints par les vendeurs de jouets, dont 50 % des ventes annuelles se font traditionnellement entre novembre et décembre. La France étant le deuxième plus gros marché du jouet en Europe, les enjeux sont lourds.

Même si le petit commerce du jouet ne représente que 6 % des ventes, ce sont ses représentants qui sont habilement mis en avant dans les médias. Un grand classique de la communication d'influence ! Rien de plus émouvant en effet que ce petit couple, bientôt à la retraite, qui lutte pour sa survie en espérant ouvrir sa petite boutique de jouets en centre-ville.

Moins virulents, mais tout aussi désespérés, les commerces d'habillement crient eux aussi leur désespoir. Un peu partout en France, ils se joignent aux manifestations et organisent des *happening* de protestations. Une commerçante de l'Est passe en boucle sur les chaînes publiques parce qu'elle a entamé une grève de la faim.

Progressivement, le discours médiatique se mue en discours anti-grande distribution ! Finies les saintes caissières, voici désormais les profiteurs de la crise.

En effet, face à tant d'émotion, personne ne prend soin d'observer que les commerçants de centre-ville ne sont, eux-mêmes, pas égaux entre eux. Ceux qui œuvrent dans l'alimentaire sont bien ouverts (comme les grandes surfaces), et leurs affaires tournent plutôt bien aussi.

Stupidement, le débat se focalise entre « la grande distribution qui se gave » et *le gentil petit commerce de centre-ville qui souffre*. À l'image d'un Michel Onfray volontairement aveuglé par ses certitudes erronées : « Le petit boulanger, le boucher qui travaille avec sa femme, le libraire qui survit dans une sous-préfecture de province, tout ce petit peuple laborieux peut bien crever la bouche ouverte, Édouard Leclerc parade[1]. » Observateur aveugle, le penseur n'a-t-il donc pas remarqué que, comme le vilain distributeur, le « petit » boulanger et le « petit » boucher étaient restés ouverts eux aussi ? Mais peut-être ne fait-il pas ses courses lui-même ?

Face à ce que certains commencent à appeler la « giletjaunisation des commerçants », des élus locaux, à la fois soucieux de garder des centres-villes attractifs et tentés d'instrumentaliser cette colère pour régler

---

1. Michel Onfray, *La Vengeance du pangolin, op. cit.*

quelques comptes avec En Marche !, soufflent sur les braises. C'est ainsi que l'on voit fleurir, en quelques heures, sur les réseaux sociaux, des fac-similés d'arrêtés municipaux autorisant les commerces non alimentaires à rester ouverts : Montauban, Béziers, Carcassonne, Colmar, Lapte, Faches-Thumesnil, etc. À Bourg-en-Bresse, le maire se distingue de ses collègues en prenant un arrêté visant, lui, à fermer les rayons non alimentaires des grandes surfaces.

Bienvenue en absurdie

Sur fond de poujadisme 2.0 et d'opportunisme politicien, élus locaux et nationaux vont raviver le bon vieux poison de la division entre commerçants. Devant cette jacquerie qui monte et qui a causé des dégâts en Italie quelques jours plus tôt, le Premier ministre décide la fermeture des rayons non alimentaires des grandes surfaces, à défaut d'accorder la réouverture des commerces non alimentaires ! Sur BFM TV, je résume les conséquences de la situation : « C'est très con, il y avait un problème, on a étendu le problème à tout le monde. »
Les cellules de crise avec Bercy reprennent un rythme quasi quotidien. À la différence de mars, on n'y discute presque plus des moyens d'assurer la subsistance alimentaire des Français, mais des conditions d'ouverture ou de fermeture de chacun. On va passer des heures à définir ce qu'est un produit essentiel et ce qui ne l'est pas. De façon totalement surréaliste, des centaines de hauts fonctionnaires, de cadres de la distribution et de responsables politiques et syndicaux vont établir, produit par produit, rayon par rayon, la liste de ce qui

peut être vendu en grande surface. *À quelque chose malheur est bon* ; à cette occasion, nos gouvernants découvrent enfin que diriger un hypermarché, c'est un métier, qu'un magasin Auchan ne ressemble pas à un Géant Casino, que la FNAC n'est pas Cultura, que chaque enseigne a ses règles, ses procédures, ses politiques de merchandising. Finalement, travailler en grande surface, ce n'est pas simplement poser des produits sur une étagère !

Que de temps perdu, que de personnes mobilisées pour tenter de trouver une application logique à une décision irrationnelle ! L'affaire est tellement ubuesque que je la relate dans un tweet qui aura eu le mérite de faire marrer pas mal de monde : j'y liste quelques exemples de ce qui sera désormais interdit ou autorisé. Ainsi, on pourra vendre un pyjama pour un enfant de 2 ans, mais pas pour un enfant de 3 ans, on pourra vendre une revue, mais pas un livre, on pourra vendre un robot ménager, mais pas un four. Comble du comble, si les ventes sont interdites en hypermarché et dans les commerces de centre-ville, elles sont autorisées si la transaction a lieu sur Internet et que le retrait de la marchandise se fait en magasin (le fameux click & collect) ! Dominique Schelcher, patron de Système U, résume la situation avec facétie : « Je peux donc vendre légalement sur mon site internet un produit que la loi m'interdit de vendre dans mon magasin. » On marche sur la tête !

Quelques politiques sont invités à réagir, et je note, en les écoutant, que les élus de gauche dénoncent une « absurdie », pendant que ceux de droite préfèrent dénoncer un « absurdistan ». Évidemment, dès le lendemain de l'entrée en vigueur du décret, le 4 novembre 2020, gendarmes et préfets déboulent en magasin, avec caméras et photographes, pour vérifier que les consignes sont respectées. Cette mauvaise blague durera plus de trois semaines.

Le meilleur employé d'Amazon

Toutes ces heures improductives, consacrées à appliquer une décision gouvernementale indéfendable, auront le chic pour agacer certains dirigeants de magasin, dont quelques adhérents E. Leclerc, qui ne vont pas manquer d'exprimer leur colère. Le 4 novembre, je reçois un SMS de Roland Lescure, président (LREM) de la commission des Affaires économiques de l'Assemblée nationale : « Bonjour, cette pub circule parmi les députés, pas très heureux, je pense... » Est jointe une photo que je découvre ; on y voit une sorte de kakemono revendicatif installé dans les rayons du centre E. Leclerc de Vern-sur-Seiche. Y figure la photo d'une bouteille de Ricard portant la mention « produit essentiel » et, à côté, la couverture du livre du penseur bouddhiste Matthieu Ricard, tamponné « non essentiel ». Ricard contre Ricard, essentiel contre non essentiel. Je trouve l'image très drôle. Sous ces deux illustrations, le magasin a indiqué le taux de TVA. Message implicite : c'est le taux de TVA (et donc les recettes pour l'État) qui fait la différence entre un produit essentiel et un produit non essentiel. O.K., c'est limite populiste... Au milieu de ce totem très politique, je vois une phrase dont je comprends qu'elle peut crisper : « D'après Jean Castex, c'est mieux de favoriser nos amis d'Amazon, Cdiscount et autres grandes plateformes en ligne. » Sous ce texte, il y a un photomontage de Jeff Bezos, le patron d'Amazon, une coupe de champagne à la main. Une bulle, façon BD, sort de sa bouche : « À la tienne, Jean ! » J'avoue, je me marre devant l'impertinence, mais je comprends qu'en cette période instable, c'est *borderline*. J'appelle l'adhérente pour lui demander si elle accepterait de retirer l'objet du délit. Elle est étonnée du succès de sa communication, mais la retire immédiatement.

Quelques heures plus tard, je découvrirai que des variantes se diffusent en magasin. En médaillon, le visage de Jean Castex et, sous le logo d'Amazon, cette mention : « L'employé de l'année ». Je crains un nouveau buzz, qu'il me faut déminer. Le 6 novembre, invité chez Jean-Jacques Bourdin, je commente la fermeture des rayons et des magasins non alimentaires et l'opportunité pour le commerce électronique. Soudain, j'ai en tête cette image du meilleur employé de l'année qui circule abondamment, depuis quelques heures, sur les réseaux sociaux. Avant que Bourdin ne me la jette à la figure, j'ai la mauvaise idée de vouloir préempter le sujet en expliquant au journaliste : « C'est vrai que quand on veut faire son effet sur le Premier ministre, on lui dit "Monsieur Castex, vous êtes le meilleur employé d'Amazon"... » Patatras ! Une dépêche AFP tombe quelques minutes plus tard : « Pour Michel-Édouard Leclerc, Jean Castex est le meilleur employé d'Amazon. » Un bel exemple de communication qui peut vous échapper ! On me resservira cette phrase pendant des semaines, à chaque interview...

Reste qu'Amazon ne peut que se réjouir de l'absurdité française, et s'il n'a pas assez profité du confinement de mars, il peut se refaire en novembre ! Quelques élus et représentants de la culture tenteront bien de lancer une pétition : « Noël sans Amazon », afin d'inciter les Français à boycotter la plateforme pour leurs courses de Noël. Cela ne prendra pas (la pétition, soi-disant hackée, est retirée alors qu'on dénombre 35 000 signataires en lieu et place des 200 000 espérés). Par curiosité, je regarde qui parmi les meneurs vend son livre ou son DVD sur Amazon : tous ! Je me fends alors d'un tweet avec capture d'écran des couvertures de livres des auteurs concernés et je raille les contradictions des pétitionnaires. Je choisis notamment un album de Philippe Geluck car *Le Chat* est alors n° 1 des ventes sur Amazon, et je sais que son auteur aura suffisamment d'humour pour en rire lui aussi. Ça ne manquera pas. Quelques jours plus tard, il m'enverra l'album en question, dont il a fait modifier la couverture pour me répondre avec l'humour qui lui sied.

L'écrivain Alexandre Jardin (qui n'a pas signé le texte, mais qui observe le débat sur les réseaux sociaux) semble apprécier le clin d'œil et relaie cette communication. D'autres auteurs ciblés me confient qu'ils ne peuvent pas faire retirer leurs productions d'Amazon, sous peine d'encourir un refus de vente. Le député Insoumis de la Somme, François Ruffin, répond, quant à lui, sur son blog : « Pourquoi mes livres sont en vente sur Amazon (et pourquoi je ne les retire pas)[1] ». Son propos se tient ; dans un souffle gramscien, il défend sa présence sur tous les réseaux capitalistes – BFM, TF1, Facebook... « et les Espaces culturels de Michel-Édouard Leclerc » – au nom du combat pour l'hégémonie culturelle. Sur le fond, je découvre que je partage son point de vue

---

1. https://francoisruffin.fr/, 23 novembre 2020.

sur (l'inefficace) boycott d'Amazon. D'ailleurs, dans le commerce, on sait depuis longtemps qu'entre la déclaration du citoyen et la réalité de ses actes d'achat une fois en magasin, il y a deux mondes.

En attendant la prochaine vague...

Ainsi s'achève ce journal de crise, narration d'une année 2020 complètement folle et imprévue. Sur fond d'alerte de Santé Publique France et de la communauté scientifique, on a craint de ne pouvoir fêter Noël sereinement tout en ayant facilement renoncé à célébrer la Nouvelle Année entre amis. Le 17 décembre, l'Élysée annonce que le président de la République est lui aussi touché par le virus. Intervenant fatigué sur les réseaux sociaux, Emmanuel Macron s'appuie sur son cas pour mettre en garde les Français sur les risques de contamination. Partout, on évoque déjà une troisième vague attendue pour le début 2021. L'histoire ne semble pas près de s'arrêter.

Le secteur du commerce aura quant à lui bien d'autres péripéties à surmonter dans les semaines qui suivront le rendu de ce manuscrit. Après l'instauration d'un couvre-feu à 18 h (qui génère une perte de 20 % de chiffre d'affaires pour les commerces d'habillement), d'autres mesures viendront resserrer les contraintes fin janvier, comme la fermeture des boutiques non-alimentaires dans quelque 400 centres commerciaux de plus de 20 000 mètres carrés, ce qui désespère Yohann Petiot, le directeur général de l'Alliance du commerce : « On ferme avec nos stocks d'hiver, on rouvrira avec nos produits de printemps[1]. » 25 000 points de vente sont touchés par cette mesure.

Malgré tout, le sentiment qui domine chez les commerçants, c'est que plus rien ne peut désormais réellement les surprendre. Excès de confiance ou simple lucidité ? Déjà le deuxième confinement a fait prendre conscience que l'acmé de la crise était derrière nous, puisqu'au fond, toutes les procédures sanitaires et organisationnelles ont déjà été écrites et expérimentées.

Dès lors, au-delà de ce journal de bord, il nous semblait opportun de conclure ce journal en partageant avec nos lecteurs quelques réflexions sur l'impact de la Covid-19 sur nos métiers et sur l'entreprise. « La prévision est difficile, surtout quand elle concerne l'avenir » disait Pierre Dac. Parler du monde de demain, alors que le virus circule toujours, c'est prendre le risque d'être désavoué dans quelques mois. Une chose est certaine : cette pandémie aura poussé les entreprises à explorer des scénarios de résilience qu'aucune simulation, qu'aucun plan de continuation d'activité n'aurait pu anticiper. Guénaëlle Gault, la directrice générale de L'ObSoCo, a raison lorsqu'elle invite à la prudence : « Plus que jamais, la période qui s'ouvre appelle donc à être sans illusions sur le vieux monde qui meurt, ne pas se laisser impressionner par les monstres et mirages qui surgissent et être en mesure de s'emparer avec clairvoyance du nouveau qui s'annonce[2] ». C'est avec cette conviction que nous tenterons d'analyser dans les pages qui suivent, les mutations que nous croyons voir s'accélérer.

---

1. *Le Journal du dimanche*, 31 janvier 2021.
2. « 2021 : Que faudra-t-il observer ? », Newsletter #21, L'ObSoCo, décembre 2020.

Deuxième partie

Consommation : le monde d'après ?

« Plus rien ne sera comme avant. » Combien de fois n'a-t-on pas entendu cette affirmation ; la consommation sera plus vertueuse, plus locale, les produits seront moins transformés... Assénées avec force, toutes ces affirmations ressemblent à une exhortation plus qu'à une certitude. C'est d'autant plus vrai qu'au-delà des discours et des aspirations collectives, au-delà des articles de presse qui focalisent sur l'explosion du bio et du « faire soi-même », la réalité de la consommation des Français a été plus nuancée.

Il y a un sacré écart entre les sondages et ce que révèle la lecture d'un ticket de caisse. Ainsi dans les commerces, on ne s'est pas simplement bousculé pour acheter de la farine et des œufs, il a aussi manqué de pizzas et de quiches surgelées ! Malgré les idées reçues, l'épicerie sèche (sucrée et salée), et notamment les produits de grignotage, a fait un carton durant le confinement du printemps (+ 30 % pour la consommation de tablettes de chocolat !), comme de l'hiver. Si les Français ont eu l'envie de *cuisiner frais* durant les maintiens forcés au domicile, d'autres éléments sont entrés en jeu (stress du chômage partiel, dont on ignore la durée et l'issue, stress d'une assignation à résidence dans un logement exigu, etc.) et ont incité les Français à boulotter plus qu'à l'accoutumée. Et pour ceux qui étaient en télétravail, rien de tel qu'un hachis surgelé au four pour se nourrir entre deux visioconférences !

Avec du recul, la période Covid-19 ne constituera qu'une parenthèse, un épisode « extra-ordinaire », dans une évolution assurément plus saine de nos habitudes alimentaires.

Au commencement était Égalim

Un mouvement général d'amélioration de notre alimentation a été lancé en 2017-2018, quand distributeurs, industriels de l'agroalimentaire et agriculteurs ont été interpellés par les politiques nouvellement élus, pour travailler sur un processus vertueux de transition alimentaire. Des dizaines de commissions ont animé un brainstorming, labellisé « États généraux de l'alimentation » pour faire émerger des dispositions législatives (loi Égalim) et des engagements auxquels ont souscrit les principaux acteurs économiques du secteur... Il en a résulté une narration collective valorisant la montée en gamme des productions nationales, la lutte contre le gaspillage, la traçabilité des produits et, plus généralement, l'information des consommateurs.

Tout le monde s'y est mis, toutes les brigades de l'alimentaire français, depuis les chefs étoilés jusqu'aux programmateurs d'émissions culinaires à la télé, avec des supporters aussi hétéroclites que Michel Cymes ou Périco Légasse..., avec, par-dessus le marché (et ce n'était pas la moindre des motivations), un argumentaire sanitaire et qualitatif (nutrition, bien-être animal, etc.) qui permettrait de justifier un surplus de rémunération pour nos agriculteurs ou industriels, appelés à abandonner les pesticides, à se convertir au bio ou à l'agriculture raisonnée, à donner plus de place à la diversité...

Vers une production plus vertueuse

Si l'on regarde les publicités parues depuis cette période, on assiste à un concours d'annonces qui, de Fleury Michon à Danone, de Système U à Lidl (nouveau converti), de l'Association des industries agroalimentaires à la FNSEA, mettent en scène des productions « plus vertes que vertes ». L'amélioration des conditions de production (pesticides, déforestation, etc.) concerne aussi le monde animal : alimentation, bien-être, mode d'abattage... jusqu'à la Commission européenne qui légifère sur l'espace vital des poules.

Disons-le, même si quelques influenceurs ou quelques ONG ont cru n'y voir que du *greenwashing*, la démarche s'est engagée avec succès. Constatons que ce mouvement n'a pas été remis en cause par la crise de la Covid-19.

Une consommation en mutation

Tous les Français ne revendiquent pas de vouloir opter pour une consommation plus maîtrisée, mais l'Institut IRI[1] nous rappelle qu'ils sont quand même près de 40 % à être déjà véritablement engagés et

---

1. IRI, Shopperscan, 2020.

sensibles à des notions comme le gaspillage alimentaire, l'origine des produits, l'utilisation des produits phytosanitaires...

En 2021, on retrouvera plus forte encore cette volonté des consommateurs d'accéder à une alimentation plus saine, avec plus de naturalité (moins d'additifs, moins de pesticides, etc.) et une traçabilité accrue. Ces aspirations ne semblent pas remises en cause par la pandémie. Pour preuve, l'intérêt passionné des consommateurs pour des appli comme Yuka, Too Good To Go, Phenix, etc. Ou encore, au Parlement français, les débats sur la présence de sels nitrités dans le jambon, sur les viandes de synthèse ou la réglementation régissant l'usage des qualificatifs de steaks et de laits[1]. Sans parler du basculement d'une foule d'industriels jadis opposés au Nutri-Score et désormais promoteurs de cette notation alimentaire, au point d'en faire un sujet européen.

Au déconfinement du printemps 2020, une majorité des Français se déclarent certains de prêter davantage attention aux nouveaux marqueurs comme les qualités nutritionnelles (52 %), l'origine (54 %) ou encore la traçabilité (50 %)[2], après l'épidémie. Selon Opinion Way[3], 64 % des Français auraient même augmenté

---

1. La loi relative à la transparence de l'information sur les produits alimentaires, adoptée au printemps 2020, interdit en effet d'utiliser des appellations traditionnellement attribuées à la viande (« steak », « saucisse », etc.) pour désigner des produits à base de protéines végétales.
2. Étude réalisée par Ipsos pour l'Observatoire E. Leclerc des Nouvelles Consommations sur un échantillon national représentatif de 1 000 personnes, âgées de 18 ans et plus, interrogées du 16 au 21 juillet 2020, en ligne, selon la méthode des quotas.
3. Étude Opinion Way pour l'agence Insign, réalisée auprès d'un échantillon de 1 019 Français de 18 ans et plus, représentatif de la

leurs achats de produits *made in France* depuis quelques mois. Il faut distinguer les jeunes (les plus enclins au changement) des *seniors*, pour qui le retour au monde d'avant semble être un souhait non négociable. Ces aspirations vont trouver des débouchés renouvelés avec la consommation locale, à la fois rassurante et perçue comme un remède aux inconnues de la mondialisation. Il n'est qu'à voir la croissance assez spectaculaire de ventes de produits frais, de produits locaux et de fruits et légumes de saison et, en miroir (alimentant peut-être les débats sur la décroissance), une part croissante de Français qui manifesteraient leur envie de consommer au ralenti et avec frugalité[1]. L'ancien ministre délégué à la Consommation Benoît Hamon parle même de « sobriété ».

Enfin, bien qu'il ne représente aujourd'hui que 5 % de la consommation alimentaire, le bio conquiert des parts de marché. Même si c'est encore un « petit » marché, c'est un marché dynamique avec des croissances fulgurantes (de + 15 % en hypermarché à 30 % en circuit spécialisé). Les niveaux de prix restent toutefois encore prohibitifs et génèrent un fossé chez les acheteurs : générationnel (les 18-34 ans sont jusqu'à 72 % à en consommer[2]) et social (les CSP+ sont surreprésentées), au point que certaines grandes villes populaires très peuplées, comme en Seine-Saint-Denis, ne comptent même pas un seul commerce bio[3] ! Mais le mouvement

---

population française. Les interviews ont été effectuées entre le 5 et le 12 octobre 2020.

1. Institut d'études marketing C-Ways (juin 2020).
2. Philippe Gattet, directeur d'études Xerfi, « La folle ruée des Français vers le bio (jusqu'au crash ?) », 2020.
3. Pauline Darvey, « Île-de-France : pourquoi le bio ne perce pas dans les villes populaires », *Le Parisien*, 26 décembre 2020.

est enclenché, et la consommation de bio ne faiblira pas, si tant est qu'on imagine des solutions variées pour permettre à chacun (même les plus modestes) d'y accéder.

Emballage : objectif réduction

La critique du suremballage systématique des articles de consommation ne date pas d'aujourd'hui. En 2011, E. Leclerc avait pris l'initiative de supprimer l'emballage cartonné des dentifrices de la Marque Repère. On se voulait vertueux et *antigaspi*. On en avait même fait une pub nationale ! Et pourtant, cette première expérience avait vite montré ses limites : chute de 50 % des ventes en quelques semaines ! Il avait fallu beaucoup d'investissement publicitaire, d'énergie et de marketing pour convaincre les consommateurs du bien-fondé de la démarche et ainsi les reconquérir.

Les temps changent. Désormais, ces mêmes consommateurs réclament la suppression des emballages inutiles et pointent, en priorité, les plats préparés (49 %), les biscuits, gâteaux et confiseries (44 %) et les produits d'hygiène et de beauté (43 %)[1]. La crise de la Covid-19 a aussi généré son lot de contradictions sur la question des emballages. Jusqu'alors, de Biocoop à Système U, on a assisté à un véritable concours de présentoirs ; c'était à qui aurait le plus grand rayon

---

1. « Les Français et la réduction des emballages », sondage Opinion Way pour Alkemics, septembre 2020. Étude réalisée les 17 et 18 décembre 2019, auprès d'un échantillon de 1 002 personnes, suivie d'une réactualisation les 2 et 3 septembre 2020 auprès d'un échantillon de 1 045 personnes représentatif de la population française âgée de 18 ans et plus.

vrac ou le plus bel étal de produits à l'état brut ! Mais crise sanitaire oblige, les consommateurs – y compris les plus militants ! – les ont boudés. Partout, il a été demandé de recouvrir de plastique fruits et légumes et autres produits alimentaires. Les distributeurs ont vécu ce moment schizophrène, mais il était temporaire. Les consommateurs ont déjà repris leurs revendications, et la tendance reste bien celle de la réduction des emballages.

Les fabricants ont bien reçu le message et recherchent des alternatives. Les solutions ne sont pas toujours évidentes. Ainsi, en retirant, par exemple, les sacs plastiques qui isolent riz, pâtes et lentilles, à l'intérieur des boîtes, on laisse le produit en contact direct avec le carton... On a découvert plus tard que cela présentait un risque en favorisant la migration des encres d'impression chimiques vers le produit alimentaire.

Une inexorable marche en avant

La prise de conscience de la vulnérabilité sanitaire (le virus et sa diffusion mondiale) et les objectifs fixés par tous les plans de relance (en Europe, Amérique et Asie) constituent un formidable effet *booster* pour une consommation plus durable. Les chantiers étaient déjà ouverts, la Covid-19 va les accélérer.

Il n'est qu'à regarder les grands sujets sur lesquels les entreprises ont réaffirmé leurs engagements. En matière alimentaire, nous l'avons dit, la tendance est à plus de naturalité (réduction des pesticides, suppression des additifs controversés, etc.).

Il en est de même sur le non-alimentaire, où les initiatives foisonnent : développement des ventes de seconde main (y compris dans la grande distribution), lutte contre la pollution digitale et réparabilité de certains produits technologiques ou d'électroménager.

L'approche est volontairement globale et va au-delà du seul acte de consommation : développement de l'énergie renouvelable pour alimenter les magasins, recyclage des déchets, soutien au développement de la mobilité électrique des clients et des livreurs, conditions de production à l'étranger des bien vendus en France... tous ces sujets reviennent résolument au sommet des préoccupations des entreprises en général et des distributeurs en particulier. D'une relative insouciance au début des années 2000, à la multiplication d'exigences aujourd'hui affirmées, la consommation des Occidentaux ouvre la voie à une réelle **transformation** du mode de production alimentaire, plus **diversifiée** et soucieuse de notre santé comme de notre environnement.

Une nouvelle consommation, à quel prix et pour qui ?

La mirobolante accumulation d'épargne des Français (130 milliards de surplus sur 2020) ne doit pas agir en prisme déformant. Non, *tous* les Français ne se sont pas enrichis pendant la crise. Non, ils n'ont pas tous constitué un matelas de sécurité, pour des lendemains meilleurs. Ces statistiques globales ne concernent qu'un petit nombre de privilégiés. Ainsi, 70 % de ce surplus d'épargne est en réalité le fait de 20 % des Français. Si on pousse encore plus loin l'observation, on constate même que 10 % des Français les plus riches ont accumulé près de 55 % de l'épargne totale[1].

S'il est indéniable que l'indemnisation du chômage a amorti l'impact de la Covid-19 sur le revenu des salariés français, beaucoup d'emplois ont toutefois été détruits : 715 000 selon l'Insee[2] à la suite du premier confinement. La tendance devrait se confirmer en 2021.

---

1. D. Bounie, Y. Camara et al., « Dynamiques de consommation dans la crise : les enseignements en temps réel des données bancaires », Conseil d'analyse économique, 12 octobre 2020.
2. Meriam Barhoumi et al., « Les inégalités sociales à l'épreuve de la crise sanitaire : un bilan du premier confinement », *Vue d'ensemble*, Insee, Références, 2020.

Effectivement, tous les Français n'ont pas été en télétravail, au contraire même : seuls 17 % des emplois fin 2020 étaient concernés. Pour beaucoup, chômage partiel a rimé avec perte de revenus : indemnisés à 84 % de leur salaire habituel, les fins de mois ont été difficiles pour nombre de nos concitoyens. Quand la paie est maigre, 15 % en moins, c'est une sacrée somme. Selon l'OFCE (Observatoire français des conjonctures économiques), la perte de revenus pendant la période de premier confinement aura été de 410 euros en moyenne pour les millions de salariés au chômage partiel, voire de 600 euros selon le cabinet Xerfi. L'association de consommateurs UFC[1] a, de son côté, alerté sur la distribution de crédits à la consommation au sortir du premier confinement. Elle aurait atteint 3 milliards d'euros en juin, un record depuis 2012 !

La France sortira encore plus anxieuse du deuxième confinement : 25 % des Français considèrent que leur niveau de vie va se dégrader au cours de la prochaine année et les inciter à limiter leur budget[2]. La crise sociale qui s'installe, avec son cortège de licenciements et de baisses de revenus, remet clairement la question du prix au cœur des préoccupations des consommateurs. En octobre 2020, l'Insee estimait ainsi à 4,9 % la baisse des revenus d'activités des Français sur l'année et chiffrait à 0,6 % la perte de leur pouvoir d'achat[3].

---

1. « L'UFC-Que Choisir lance l'alerte sur la déflagration des impayés », communiqué de presse, 16 décembre 2020.
2. IRI, Shopperscan 2020.
3. « Revenus des ménages », note de conjoncture, Insee, 6 octobre 2020.

Le retour de la question du prix

La question des inégalités de ressources a évidemment pesé sur la consommation. Limités dans leurs déplacements, contraints de fréquenter des enseignes où ils n'avaient pas leurs habitudes, les Français ont redécouvert durant le premier confinement, la cherté et les écarts de prix[1]. À cela s'est ajouté l'arrêt des importations, limitant leurs choix aux seuls produits agricoles français. Laurent Grandin, président d'Interfel (interprofession des fruits et légumes frais), le reconnaît, d'ailleurs, dans une audition à l'Assemblée nationale, en estimant que l'offre de produits frais français « était deux à trois fois plus chère que l'offre plus accessible qui vient souvent des pays du Sud à cette période [...]. Il faut rappeler qu'en moyenne en France 50 % de la consommation des fruits et légumes sont assurés par des produits d'introduction ou d'importation[2]. » Privés de ces produits étrangers qui leur permettent habituellement d'arbitrer dans leurs dépenses sans se priver, nombre de clients se sont vu renvoyer leurs difficultés économiques en pleine figure. Leur impuissance s'est transformée en colère, tournée vers les employés des magasins ou exprimée sur les réseaux sociaux.

Honnêtement, la violence des critiques a surpris tous les professionnels. Alors que l'on pensait que les consommateurs avaient une perception du prix souvent limitée au prix de l'essence et à une centaine de

---

1. Observatoire Cetelem 2020, enquête réalisée par Harris Interactive, en ligne, les 20 et 21 avril 2020. Échantillon de 1 005 personnes, représentatif des Français âgés de 18 ans et plus. Méthode des quotas.
2. Audition de Laurent Grandin, président d'Interfelde par la commission des Affaires économiques de l'Assemblée nationale, « cellule de crise agriculture », 9 avril 2020.

produits de grandes marques (Coca Cola, Nutella, Nescafé, etc.), personne, de la FNSEA au Medef, n'avait imaginé que le prix des fraises, de la pomme de terre ou de l'agneau ait été suffisamment mémorisé par les consommateurs jusqu'à en devenir un marqueur de leur consommation. Et pourtant, c'est ce qui s'est passé.

Depuis des années, E. Leclerc se fait régulièrement tacler par les politiques, qui lui reprochent sa politique de prix bas. Combien de fois a-t-on entendu parlementaires et ministres expliquer que notre enseigne était incapable de comprendre que « les Français sont prêts à payer plus cher leur alimentation ». Le confinement aura permis de vérifier que leur affirmation ne résistait pas à la réalité du porte-monnaie des Français. Et d'ailleurs, toutes les enseignes qui font du prix un sujet permanent de leurs préoccupations sont en position de conquête de clientèle durant l'année 2020. C'est E. Leclerc, Intermarché, mais aussi Lidl ou Aldi pour l'alimentaire. C'est aussi Action, Noz, Stockomani ou Normal, où les prix moyens des produits vendus tournent autour de 2 euros.

L'épineuse question du pouvoir d'achat

Avec le retour des thématiques liées aux États généraux de l'alimentation et cette demande accrue de tous les consommateurs (quels que soient leurs revenus) d'accéder à une consommation plus responsable, revient aussi la question du pouvoir d'achat des Français. Toutes les études démontrent une incontestable sensibilité des consommateurs à cette préoccupation.

Et si les Français disent, depuis plusieurs années, qu'ils sont prêts à payer plus cher un produit bio, local, de meilleure qualité et qui rémunère mieux les agriculteurs,

Une nouvelle consommation... 151

il faut y voir une bonne intention et une vraie morale partagée. De là à ce que ça se traduise par un engouement pour ce qui est cher, c'est une illusion. Michel Biero, le patron des achats de Lidl, insiste : « Attention, il y a une différence entre le déclaratif et la réalité des achats. Lidl avait sensibilisé il y a quelques années ses clients sur les difficultés des éleveurs français, en expliquant qu'il y a du lait, du bœuf, du porc responsables dans nos magasins, et tous les clients voulaient les aider. Mais à la sortie, les mêmes clients avaient fait d'autres choix, pointant qu'il y avait quand même 20 centimes de différence par litre de lait[1] ! » Ce phénomène n'est d'ailleurs pas que français ! En Allemagne, les consommateurs aussi se déclarent prêts à payer plus cher leur lait ou leur viande, si cela encourage de meilleures pratiques. Le cabinet de conseil Simon-Kucher & Partners révèle alors dans une enquête que 60 % des consommateurs allemands privilégieraient une enseigne, certes plus chère, mais qui reverserait ce surcoût aux agriculteurs. Déclarations contredites par des chercheurs de l'Institut Ife et de l'université de Khiel, qui après avoir démontré que cela aboutirait à une hausse du prix de lait de 20 centimes par litre, ont questionné les sondés sur leur acceptabilité d'une telle inflation. Sans surprise, l'immense majorité des clients répondait alors qu'ils ne seraient pas prêts à payer un tel prix. C'est ce que le professeur Philippe Moati (ObSoCo) qualifie de « pouvoir d'achat opposé au vouloir d'achat[2] ».

---

1. Corentin Dautreppe, « Mieux manger, moins dépenser, impératifs (apparemment) contradictoires à l'heure du coronavirus », AFP, 28 septembre 2020.
2. Enquête Cofidis-L'ObSoCo, « Entre vouloir et pouvoir d'achat : les stratégies financières des Français », septembre 2020.

Ce que l'on observe partout, dans l'alimentaire comme dans le non-alimentaire, c'est l'exacerbation de la fracture sociale entre les consommateurs. Si les Français modifient progressivement (et en profondeur) leurs choix de consommation, ils restent toutefois soumis à un premier critère : le coût de la dépense. L'expert en distribution Philippe Goetzmann le rappelle très clairement : « 65 % des dépenses des ménages les plus modestes sont pré-engagées : loyer, électricité, eau, assurances, abonnements de téléphonie, etc. Il ne reste que 35 % pour la consommation courante. Si la crise ampute les revenus de 10 %, ce solde ne sera plus que de 25. Pour cette population, l'argument prix sera primordial[1]. »

En vérité, la préoccupation du prix n'avait jamais vraiment abandonné les Français, sauf dans le discours de quelques dogmatiques hors sol. Mais alors que les produits alimentaires premiers prix avaient tendance à reculer avant le 16 mars 2020, ils retrouvent leur place dans les paniers des clients au sortir du confinement. Ceci est confirmé par les études d'opinion que nous menons régulièrement ; 57 % des sondés déclarent faire encore plus attention au prix qu'auparavant[2]. Le succès du drive s'explique aussi par cette raison : outre la dimension sanitaire et le gain de temps, c'est un outil irremplaçable pour les ménages qui veulent maîtriser leur budget. Les prix y sont affichés directement sur l'écran, facilement comparables avant d'avoir à se déplacer pour faire ses courses.

---

1. *Les Échos*, 13 août 2020.
2. Étude réalisée par Ipsos pour l'Observatoire E. Leclerc des nouvelles consommations sur un échantillon national représentatif de 1 051 personnes âgées de 16 à 75 ans, interrogées du 24 au 25 avril 2020, en ligne, selon la méthode des quotas.

Dès lors, les politiques de promotions ne sont pas près de s'arrêter, mais elles devront se réinventer. Elles seront mieux ciblées, plus personnelles en fonction des pratiques de chacun (grâce au *big data*).

Il faut arrêter d'opposer prix et qualité, la conciliation des deux impératifs est possible. EasyJet propose des billets à prix imbattables. Ses avions sont-ils moins sûrs que ceux de ses concurrents les plus chers ? Évidemment, non. Il s'agit d'une différence de modèle économique. Dans les services, dans le commerce, certains *hard discounters* s'appuient sur la massification des achats portant sur des gammes restreintes. D'autres entreprises au contraire investissent sur le raccourcissement des circuits de distribution en réduisant le nombre d'intermédiaires et en tablant sur des marges faibles, assises sur des volumes importants. D'autres enfin partagent les coûts de leur plateforme de distribution en accueillant des fournisseurs sur leur place de marché. Une politique de prix bas dans la production comme dans la distribution dépend plus du mode d'organisation et de la stratégie d'entreprise, sans qu'il soit besoin d'invoquer l'altération de la qualité des produits vendus ou une pression excessive sur les fournisseurs ! Cette double exigence de prix et de qualité doit pouvoir être assumée. C'est d'ailleurs la préoccupation du politique qui en tant que législateur s'oppose aux barrières anticoncurrentielles avec des autorités de la concurrence qui traquent les ententes et démantèlent les cartels. Dans ce domaine, il reste encore beaucoup à faire. Ainsi, le discours de protection des producteurs, invoqué par les distributeurs spécialisés en bio ou en produits naturels, cache mal la volonté de protéger un marché émergent – et les marges ! – en lieu et place d'une saine concurrence bénéficiant aux consommateurs. Les professionnels appellent cela la distribution sélective, et les études économiques abondent pour démontrer qu'elle suscite une inflation souvent artificielle.

Une conclusion s'impose. Si le processus d'évolution sanitaire et qualitative du modèle alimentaire est plébiscité par les Français, la condition de cette transition exige que toutes ces offres, meilleures, soient accessibles au plus grand nombre. L'inverse ne serait vécu que comme frustration, déclassement et pourrait trouver de nouveau une expression « jaune fluo » sur les ronds-points.

De l'hypermarché au e-commerce : une stratégie globale

La crise de la Covid-19 pourrait bien laisser derrière nous un certain nombre de problématiques ancestrales du commerce. Les vieilles querelles entre commerce de centre-ville et commerce de périphérie, les dénonciations de guerres de prix, la proximité *versus* l'accessibilité de l'offre commerciale, petit commerce contre grande distribution... tout cela n'est-il pas devenu ringard à l'heure du click & collect *pour tous* ?

Pendant la crise, le commerce a été remis à l'honneur, au point de se voir baptiser « seconde ligne » ou « secteur d'activité d'utilité publique ». De fait, il le sera pendant ces mois de crise. Il aura permis l'alimentation des Français et ouvert la voie à la reprise d'autres activités de l'économie, en servant de laboratoire aux expérimentations sanitaires, permettant d'accueillir salariés et clients dans des conditions de sécurité satisfaisantes. Jamais les enseignes n'auront autant collaboré que durant cette pandémie, et jamais les commerçants de proximité n'auront connu un tel pic de fréquentation. Au-delà des mutations techniques qui auront bénéficié d'un coup de fouet majeur avec la pandémie, le rôle du commerce dans la société en sort réaffirmé.

Le commerce tenu en faible estime

Dans sa majorité, la classe politique ne soutient pas le commerce, à l'exception de quelques directions au ministère de l'Économie. À l'heure d'une formidable mutation du commerce physique vers le digital, on cherchera en vain quelques initiatives remarquables et fédératrices qu'un ministre du Commerce aurait initiées pour accompagner le secteur. D'ailleurs, rares sont les journalistes capables de citer les trois derniers ministres. Et pour cause, depuis la fin du quinquennat de François Hollande, cette fonction a au mieux été noyée dans les attributs des ministres de l'Économie, au pire elle a totalement disparu des préoccupations gouvernementales.

Pétris de pensée physiocratiques et industrialistes, issus des grands corps d'ingénieurs ou de la fonction publique, nos édiles estiment souvent que le commerce n'apporte aucune valeur ajoutée et n'est qu'un « ponctionneur de marge ». Au mieux lui reconnaissent-ils une qualité de bon collecteur de TVA pour le compte de l'État ! Depuis quarante ans, ils ont pourtant adhéré à l'analyse selon laquelle on est passé d'une société industrielle à une société de services. Mais ils se passionnent pour ce secteur quand il prend la forme de *start up* ou de *marketplaces* et ne reconnaissent au mieux au commerce physique qu'une fonction permettant d'écouler la production. En témoigne cet « incident » à l'acmé de la crise, au printemps 2020, quand les ministres de l'Économie et de l'Agriculture ont écrit aux salariés de l'industrie agroalimentaire pour les remercier de leur implication, en « oubliant » de faire de même pour les employés du commerce. L'erreur fut réparée, après protestation de la distribution en cellule de crise ! On peut n'y voir qu'une anecdote, elle n'en est pas moins révélatrice de l'état d'esprit.

Même le soutien à « la caissière » aura été ambigu durant toute cette crise. À travers elle, ce n'est pas la mobilisation du commerce que l'on salue, c'est la recherche d'une héroïne romantique, comme « l'infirmière ». Nous devons toutefois à la vérité de dire que si son image n'est pas toujours valorisée auprès des politiques, le commerce a sa part de responsabilité. Les querelles relatées dans ce journal de bord, entre épiciers et commerçants, entre commerçants et pharmaciens, entre distributeurs et libraires... ces querelles de chiffre d'affaires et de parts de marché entretiennent certainement la méfiance de nos responsables politiques à l'égard de notre milieu professionnel. Et pourtant, ce ne sont que des anecdotes au regard du travail immense mené par ce secteur sur les plans logistiques, numériques et qualitatifs comme du point de vue de son offre.

L'heure de gloire du e-commerce

Symbole suprême du e-commerce, Amazon est souvent désigné comme le grand gagnant de la crise. Cela semble évident, même s'il ne sera pas toujours simple de le démontrer, tant l'entreprise aime garder le secret sur ses affaires.

Il faut dire que l'ancien libraire Jeff Bezos est autant un innovateur qu'un formidable logisticien. Il a su créer une machine de guerre redoutable, et si l'alimentaire est, pour le moment, encore un terrain en friche pour lui, il ne fait pas de doute qu'il compte bien s'y attaquer sérieusement. Les Français ont continué à plébisciter cette entreprise malgré son bras de fer politico-syndical lors du premier confinement, qui a abouti à la fermeture, pendant plusieurs semaines, de ses bases hexagonales. Elle s'est alors appuyée sur ses entrepôts frontaliers pour continuer de servir le territoire. Ce qui fait dire à la journaliste Cécile Prieur qu'« Amazon est devenu le porte-drapeau de notre dilemme contemporain, celui qui nous fait balancer entre contempteur et profiteur de l'ubérisation croissante de nos sociétés[1] ». Bien sûr, il est facile de faire du « Amazon-bashing[2] », mais il faut admettre que c'est un modèle fascinant de logistique et de marketing, qui fait rêver tous les acteurs du e-commerce. Les commerçants physiques ont plus intérêt à s'en inspirer qu'à se borner à le décrier. Même l'État et les collectivités locales, qui essaient de développer des plateformes de vente de produits locaux sur Internet, s'inspirent de Jeff Bezos[3] ! Et même si certains soulignent la nécessité de créer des écosystèmes alternatifs pour protéger les PME[4], c'est la première fois que le discours public cesse d'opposer le monde du petit commerce aux entreprises qui possèdent la maîtrise technologique et logistique. Ces incitations n'auront que peu d'effet dans le timing de la crise, mais pour symboliques qu'ils soient, ces discours marquent un fléchissement vers une politique d'accompagnement à la digitalisation qui ne soit pas réservée qu'aux seuls acteurs de la nouvelle économie.

1. « Amazon, notre dilemme contemporain », *L'Obs*, 9 décembre 2020.
2. Voir l'audition du patron d'Amazon France, Frédéric Duval, à l'Assemblée nationale, le 9 décembre 2020.
3. Nathalie Samson, « Comment les maires tentent de sauver leurs commerces », *L'Express*, 14 décembre 2020.
4. Pierre Bonis et Alain Assouline, « Il n'y a pas qu'Amazon dans la vie des PME », *Le Journal du dimanche*, 27 décembre 2020.

D'autant que la résilience du commerce physique existe ! Ainsi, comme nous y invite le journaliste Philippe Bertrand, il faut se méfier des miroirs déformants. « La crise du Covid a favorisé les sites internet des enseignes traditionnelles[1]. » Chez FNAC-DARTY, les ventes en ligne ont gagné dix points en un an, passant de 19 à 29 % du total. E. Leclerc ne fait pas exception avec des commandes multipliées par 2,5 au global, voire par 3 sur le culturel et par 4 sur le multimédia. Le « vieux monde » a encore de la ressource !

Selon une étude Médiamétrie-Fevad, 35 % des cyberacheteurs déclarent qu'ils achèteront désormais davantage sur Internet. Au final, la croissance globale du e-commerce sera plus faible en 2020 qu'en 2019, mais cette moindre performance s'explique par l'effondrement des ventes de services (hôtellerie, billetterie aérienne, ferroviaire ou culturelle, etc.), tandis que la vente de biens (alimentaires et non alimentaires) a, quant à elle, véritablement explosé durant l'année 2020. Tout retour en arrière est désormais impossible[2].

Le e-commerce et la livraison à domicile ont de beaux jours devant eux, même s'il faudra composer avec des contraintes de plus en plus fortes, imposées notamment par des maires bien décidés à encadrer davantage les flux de livraison et à en limiter le bilan carbone. Chacun l'anticipe désormais, en investissant dans des flottes de livraison de camionnettes électriques destinées à desservir les centres-villes, voire des systèmes

---

1. Magali Picard, « Fnac Darty peut dire merci au web », *LSA*, 19 janvier 2021.
2. Maël Jouan, « E-commerce : les gagnants et perdants de la pandémie », *Le Journal du dimanche*, 28 décembre 2020.

de livraison plus souples, pour les petits colis (scooters électriques, triporteurs, etc.).

Les projets immobiliers ne seront pas en reste et intégreront progressivement de nouvelles fonctionnalités, comme la présence de casiers (parfois même réfrigérés) dans les halls d'immeubles pour y déposer les courses en attente d'être récupérées par les clients, le soir, à la sortie du bureau. Ce n'est déjà plus de la science-fiction !

On peut n'y voir qu'un gadget, c'est pourtant prémonitoire. Après l'avoir testé pendant plusieurs années dans différentes villes, la chaîne de supermarchés américaine Walmart accélère dans le déploiement de son nouveau service[1] : la livraison des courses directement dans le réfrigérateur du client, en son absence. Cela nécessite, au préalable, de faire installer une serrure connectée sur la porte de son domicile, mais après ce petit investissement, votre frigo se remplit comme par magie ! L'employé de Walmart est équipé d'une caméra qui vous envoie une notification lorsque ce dernier pénètre dans votre domicile. Vous pouvez ainsi superviser le processus depuis votre smartphone. En France, les magasins Franprix et le site internet Cdiscount testent ce service depuis quelques mois auprès de consommateurs volontaires. Il faut une grande dose de confiance entre l'enseigne et le client pour laisser accès à son domicile, mais ce n'est pas insurmontable. Et si l'on ajoute à cela le développement des placards et des frigos connectés, qui seront capables de repérer les produits qui vont venir à manquer pour passer automatiquement commande auprès du supermarché

---

1. Nathaniel Meyersohn, "Walmart will deliver groceries straight to your fridge", CNN Business, 7 juin 2019.

auquel vous serez désormais « abonné », on voit que le commerce nous réserve encore de sacrées surprises !

Le drive plébiscité

L'essor du drive en France (unique en Europe et peut-être même dans le monde !) aura lui aussi été conforté par la pandémie. La formule est d'origine américaine, tout le monde se souvient des pubs pour le cinéma drive-in ou les McDo. En France, Auchan a importé le concept, mais ce sont des adhérents E. Leclerc de la région toulousaine qui en ont fait le vecteur de l'entrée de notre enseigne dans le e-commerce. La période Covid a été un véritable *booster* pour cette formule nouvelle de la distribution. Le site spécialisé Journal du Net rapporte que durant la journée du 16 mars, les applications d'E. Leclerc (Drive et LeclercChezMoi pour la livraison à Paris) figurent au 16ᵉ rang des applications les plus téléchargées, et Carrefour au 21ᵉ.

Bien que déjà archi-dominante sur les drives, avec près de 45 % de parts de marché, l'enseigne E. Leclerc va connaître un nouveau rebond de fréquentation avec un triplement (!) des commandes et plus d'un million de nouveaux clients. Chez Intermarché comme chez Casino ou Carrefour, le drive devient un puissant outil de conquête ou de fidélisation des clients : « Nous avions 20 drives en supermarchés avant la crise... Nous en avons désormais 150[1] », confie ainsi Tina Schuler, la directrice générale de Casino.

---

1. « La crise sanitaire a accéléré le basculement de la distribution vers le numérique », *L'Opinion*, 1ᵉʳ décembre 2020.

Aux côtés du drive et de la traditionnelle – et onéreuse ! – livraison à domicile se développe une nouvelle offre de services, baptisée « drive piéton » (oxymore !), qui passe pour être une riposte crédible des enseignes du « vieux monde » à Amazon. Derrière les mots se cache un service simple : permettre au client de retirer les courses commandées quelques heures plus tôt sur Internet dans un petit local proche de son domicile.

J'ai souvent dit que le match du centre-ville ne se jouerait pas sur la proximité, mais bien sur l'accessibilité. L'enseigne n'a pas développé de magasins de proximité, car les conditions dans nombre de centres urbains (loyers, surfaces, contraintes logistiques, etc.) ne favorisent pas « les prix à la E. Leclerc », et cela aurait été une source de déception pour le client. Avec ces relais piétons, les choses changent, et ce nouveau format permet ainsi d'apporter en centre-ville l'offre d'un hypermarché : jusqu'à 12 000 produits de grande consommation, quand les magasins de proximité en proposent quatre fois moins ! Pour le distributeur, le système est également beaucoup moins onéreux que la livraison à domicile, tout en présentant également un avantage pour le consommateur (il passe quand il veut dans la journée pour récupérer ses courses). Avec la Covid-19, ce format connaît un franc succès (+ 179 % de croissance lors du premier confinement selon Nielsen), et tous les distributeurs sortiront de la crise plus décidés que jamais à le développer.

Un commerce désormais totalement omnicanal

Au contraire des discours politiques, les Français ont toujours aimé fréquenter leurs commerces. Les sondages les disent nostalgiques du petit commerce villageois, de l'épicerie de la place du bourg. Dans la réalité, ils fréquentent toutes les formes de commerce, et au premier rang l'hypermarché. Mais ils sont aussi avides d'innovations, et la période Covid-19, avec le drive et le click & collect, a révélé leur capacité à vite adopter les nouveaux réflexes du e-commerce. Cela vaut aussi pour les commerçants, car ils ne sont pas restés les deux pieds dans le même sabot ; il n'a fallu qu'une semaine à l'enseigne d'électronique Boulanger pour faire basculer soixante-dix de ses magasins dans le click & collect sans contact (paiement *online*, retrait sécurisé). Alors que son service de livraison à domicile ne couvrait que 25 % du territoire avant le premier confinement, l'enseigne Picard annonçait, quant à elle, être en mesure de couvrir tout le territoire à partir du 15 novembre[1]. Les décisions gouvernementales ubuesques durant le deuxième confinement, aboutissant à interdire aux commerçants de vendre des jouets directement depuis le magasin, mais autorisant la vente en ligne puis le retrait en magasin, ont finalement poussé à ce basculement. Nécessité fait loi. La proportion de clients basculant ainsi dans l'« omnicanalité » à marche forcée est incroyable : E. Leclerc aura quant à lui gagné en quatre mois autant de clients qu'attendus en quatre ans sur le digital !

Le commerce n'est pas le seul à avoir accéléré sa mue. Nombre de restaurants ont vite compris que leur salut passait par les plateformes de livraison à domicile, ce qui impliquait de digitaliser en un temps

---

1. Marie-Pierre Gröndahl, « Picard, grand vainqueur de la crise sanitaire », *Le Journal du dimanche*, 27 décembre 2020.

record menus, systèmes de paiement et organisation de la production.

Plus que jamais, la perméabilité entre les canaux de vente demeure le paramètre fondamental du commerce de demain. Cela obligera les enseignes à maintenir un haut niveau de service pour une expérience « sans couture », permettant de passer d'un canal à un autre, de commencer ses courses sur un canal (l'appli drive) pour le finir sur un autre (le magasin), car, comme le rappellent les deux universitaires Olivier Badot et Christelle Fournel : « S'il y a de fortes chances qu'une fois le vaccin anti-Covid-19 trouvé, les mesures-barrières disparaîtront des lieux publics et commerciaux, il pourrait en être autrement des processus d'achat. En effet, les initiatives offrant une fluidification des parcours d'achat et la minimisation des efforts des acheteurs pourraient largement se développer[1]. »

L'hypermarché a encore de l'avenir !

En ce début d'année 2021, le samedi retrouve doucement ses couleurs d'antan, et 25 % des foyers revendiquent de continuer à vouloir fréquenter le moins de magasins possible[2]. La troisième vague risque bien d'accentuer encore ce phénomène. Dans son ensemble, un an après le premier confinement, la fréquentation des magasins a durablement baissé, dans toutes

---

1. Olivier Badot et Christelle Fournel, « Crise du Covid-19 et commerce : Quels futurs impacts possibles sur les comportements des acheteurs et sur les stratégies des distributeurs ? », chaire Prospective du Commerce dans la société 4.0 ESCP Europe-E. Leclerc-Bearing Point.
2. Benoît Merlaud, « Un Français sur quatre veut réduire ses visites en GMS », *Linéaires*, 6 janvier 2021.

les enseignes. Si les clients viennent moins souvent (- 9 % en moyenne), ils font toutefois de plus gros chariots. Mais pour combien de temps ?

Tout cela n'est pas sans interroger le devenir des magasins physiques, et principalement des hypermarchés. Depuis quinze ou vingt ans, la presse annonce régulièrement la disparition des hyper. Tantôt c'est le renouveau des commerces de proximité qui les menacerait, tantôt les circuits courts, désormais le e-commerce. La crise de la Covid-19 a cumulé, en un temps resserré, l'ensemble de ces menaces qui pèsent sur l'hypermarché. C'était donc un « stress test » grandeur nature !

En vérité, on a observé que, dès lors qu'aucune action de contrainte sanitaire ne vient empêcher la circulation des consommateurs, l'hypermarché peut alors démontrer sa capacité de résilience. Même si, pendant le confinement, E. Leclerc a accueilli un million de nouveaux clients grâce à ses drives, un sur cinq a fini par basculer vers l'hypermarché. Les canaux ne sont pas hermétiques. Nul doute que le magasin physique subira une concurrence croissante avec le digital – mais il a encore de sacrés atouts à faire valoir !

L'hypermarché reste un showroom 3D visitable, avec des personnes dedans ! En l'absence d'autres lieux de la vie sociale, le magasin reste un lieu de rencontres, de découvertes, un lieu où l'on peut toucher les produits, parler avec son commerçant... bref, recréer – pour peu qu'on y investisse – l'univers chatoyant et expert des marchés. C'est un lieu qui fait appel à tous les sens (olfactifs, auditifs, tactiles, etc.), qui peut facilement susciter l'envie d'acheter et qui donne chair à l'acte d'achat, contrairement à l'aseptisation qu'impose le digital. Les courses, c'est comme un match de foot ou un concert : on peut se contenter de le regarder à la télé, mais le plaisir est quand même beaucoup plus grand quand on fait l'effort de se rendre sur place. Pour preuve, des *pure players* investissent eux aussi dans le commerce physique à l'image d'Amazon qui a racheté la chaîne de supermarchés Whole Foods, ou du Slip Français qui multiplie les ouvertures de boutiques. Même le chinois Alibaba s'y met, en ouvrant des *concept stores* qui lui permettent surtout de prendre le pouls d'un marché. Quitte à proposer dans le circuit physique, une offre différente (et plus qualitative !) de celle qui a fait son succès sur le Net[1].

Ainsi, pour peu qu'il sache supprimer les irritants (attente en caisse, limitation des ruptures, développement du paiement sans contact...), et renforcer la théâtralisation de son offre (diversité et mise en valeur des produits, design et convivialité de la surface de vente...), l'hypermarché dispose encore de formidables atouts qui lui permettront de défendre sa place, aux côtés d'un e-commerce à l'influence de toute façon croissante. Cela nécessite du savoir-faire, une bonne compréhension de la société et des attentes des clients. Et là-dessus, comme Didier Duhaupand, le président des Mousquetaires, « je crois en la supériorité du commerçant sur l'algorithme[2] ! ».

L'ère du rentail

Au-delà des formes d'accessibilité et des variétés de produits, il ne faut pas négliger l'autre mutation qui s'opère aussi dans le commerce traditionnel, et

---

1. Jérôme Parigi, « AliExpress s'offre une vitrine épurée à Barcelone », *LSA*, 22 janvier 2020.
2. *LSA*, 26 juin 2019.

particulièrement dans la grande distribution. C'est le développement des services, ce que l'expert du commerce Philippe Goetzmann qualifie de « *rentail* » (contraction de *rent*, louer et de *retail*, le commerce) qui engendre un changement profond de paradigme, où le distributeur devient offreur de services plus que vendeur de produits. Il suffit d'observer rapidement les activités des groupes français pour s'en convaincre. Comme ses concurrents Système U et Intermarché, E. Leclerc a lui aussi développé une offre de location de véhicules pour les particuliers et il a su la développer à un point tel qu'aujourd'hui, sa flotte fait jeu égal avec celle d'Europcar en France ! Qui l'eût cru ?! Comme Casino, notre enseigne a également pris pied dans l'électricité en développant des offres d'abonnement pour les logements privés. De son côté, Boulanger a développé la location longue durée de matériel électro-domestique, tandis que Leroy Merlin surprenait tout le monde en 2015 en testant une formule de « fablab » où l'on pouvait, contre un abonnement payant, accéder à des machines professionnelles et à des formations adéquates pour faire du bricolage à un niveau professionnel. Le développement de cette logique servicielle est une opportunité de valeur que les commerçants (notamment les hypermarchés) mais aussi les grandes marques de consommation ou d'équipement de la personne comptent bien investir massivement dans les prochaines années.

L'humain, encore !

Quand, pour le travail comme pour les courses, tout devient digital, l'évidence apparaît : il manque la relation humaine, directe et réelle. On ne saurait achever ce chapitre sans parler de ce qui fait le cœur de la relation commerciale : l'humain.

Évidemment, toute la digitalisation du commerce n'est pas sans poser de sérieuses interrogations sur le devenir de certains métiers en magasin et en entrepôt. Selon la Fédération du commerce et de la distribution, le nombre d'hôtesses et hôtes de caisse aurait baissé de 5 à 10 % ces dix dernières années (ce n'est pas le cas chez E. Leclerc, où leur nombre a cru dans de telles proportions). Certes, les créations de postes accompagnent la croissance : plus vous ouvrez de magasins ou plus vous avez de clients, et plus vous devez recruter de personnel d'encaissement.

Mais la digitalisation a souvent bon dos, et il faut se méfier des lectures binaires. Il y a dix ans, le métier de préparateur de commandes en drive n'existait pas, ou peu. Ils sont aujourd'hui des dizaines de milliers à travailler dans les enseignes. Qui l'avait vu venir ? Gardons-nous des discours défaitistes qui ne veulent voir le verre qu'à moitié vide. Peut-être que le nombre global de « caissiers » aura baissé dans dix ans, mais d'autres métiers auront surgi entre-temps et offriront ainsi un redéploiement des fonctions. Quoi qu'il en soit, nous ne croyons pas à la disparition des hôtes et hôtesses de caisse en magasin. Leur fonction liée à l'encaissement va évoluer en même temps que les solutions de paiement vont se dématérialiser. Mais la technologie n'est pas sans poser des difficultés, y compris lors de contrôles d'encaissement, et l'expérience client peut parfois en sortir dégradée, ce qui incite les dirigeants de supermarchés à la prudence dans leur utilisation. Là encore, on voit que le métier a beau être le même d'une enseigne à l'autre, les pratiques diffèrent.

L'expertise du personnel des magasins restera essentielle (accueil, métiers de bouche, caisse...) dans la relation avec les clients. Leur métier évoluera vers plus de conseil, dans la création d'une expérience nouvelle, plus personnalisée et bienveillante. Il sera sûrement demandé plus de polyvalence, afin que chacun puisse s'inscrire durablement dans ce nouveau monde « phygital » (magasin physique et digital), passant plus facilement du drive au rayon du magasin ou à la gestion de services (location, abonnements divers, etc.). Mais de là à imaginer un commerce 100 % automatisé à court terme, comme certaines enseignes le testent ici ou là, cela semble exagéré. En tout cas, nous ne le souhaitons pas ! Et puis, l'innovation n'est pas encore totalement au rendez-vous, et elle coûte affreusement cher. Les tunnels d'encaissement, les détecteurs de produits, les analyses automatiques de chariots... nombre de ces solutions sont bluffantes, mais leur production n'est pas encore industrialisée.

Les milliers de capteurs dispersés pour analyser le comportement des clients dans la boutique expérimentale d'Amazon Go valent-ils vraiment le « coût » ? À l'arrivée des caisses automatiques il y a une vingtaine d'années, on nous annonçait la disparition imminente des postes en caisse. La réalité ne sera finalement pas celle annoncée. Les magasins 100 % automatisés, qui existent d'ailleurs déjà dans certains pays comme la Chine ou le Japon, n'ont pas tué la vente assistée par des hôtes et hôtesses de caisse. Le commerce reste une activité fondamentalement humaine et basée sur l'échange. Si la technologie peut en faciliter les missions quotidiennes, il semble encore périlleux de prédire l'avènement des magasins sans personnel. Et c'est heureux !

La crise de la Covid-19 a élargi les habitudes des consommateurs au-delà de leur schéma traditionnel (e-commerce notamment, drive piéton, etc.). Au sortir de la pandémie, ils voudront conserver ce qu'ils ont apprécié dans leurs nouvelles expériences et les combiner avec ce qu'ils faisaient auparavant.

Il ne s'agira alors plus d'opposer hypermarché, proximité et e-commerce, mais de permettre au consommateur de choisir librement, et quand ça lui chante, la façon de faire ses courses ; liberté du canal d'achat (Internet, magasin physique) comme liberté du mode de collecte des produits (pousser lui-même son chariot, aller au drive ou encore se faire livrer par un professionnel ou par un autre client en mode collaboratif).

Côté distributeur, une telle révolution impose de pouvoir s'appuyer sur un système robuste, capable d'absorber tous ces paramètres pour des millions de clients, ce qui suppose une offre large et à prix maîtrisés, une logistique agile, un service client performant (limiter les ruptures, garantir la ponctualité) et des systèmes informatiques robustes (connaissance des stocks en temps réel, systèmes de paiement, tracking, etc.).

Ceux qui persistent à penser que le métier de commerçant se borne à déposer des boîtes sur une étagère reverront peut-être leur jugement !

L'entreprise et la cité

Le virus fera-t-il reculer la domination économique libérale qui a gagné le monde depuis l'effondrement de l'Union soviétique ?

Pour certains, elle est en effet la grande responsable de tous les maux qui frappent le monde, parce qu'« elle tient la dépense publique pour une aberration, voire une faute, ce qui expliquerait l'état de faiblesse, pour ne pas dire de délabrement, des structures de santé publique dans un certain nombre de pays[1] ».

La question mérite d'être posée, tant le choc suscité par la pandémie est violent et la remise en cause indiscutable, pas seulement en France. En quelques jours, tous les marqueurs de l'économie mondialisée ont volé en éclats. Les voyages d'affaires sont devenus impossibles ; le tourisme transfrontalier est devenu interdit ; l'approvisionnement de par le monde pour compenser les lacunes des marchés nationaux a trouvé ses limites ; des chefs d'État, peu suspects de nationalisme, ont annoncé vouloir relocaliser un certain nombre de productions sur leur territoire. Les termes de protectionnisme et de souverainisme retrouvent ainsi une certaine cote !

---

1. Charles-Édouard Bouée, en collaboration avec François Roche, *L'Ère des nouveaux Titans : le capitalisme en apesanteur*, Grasset, 2020.

Assurément, le contrecoup de la Covid-19 sera autant politique que sanitaire.

Le retour de l'État

À la faveur de la pandémie, les États, que l'on disait fatigués et dépassés, ont su reprendre la main et se repositionner au cœur d'un cercle de décision dont ils avaient été repoussés aux marges depuis trente ans. L'opération s'est déclinée en trois périodes, l'une appelant l'autre ; État-gendarme, puis État-providence et enfin État-Marshall. J'ajouterais pour la France une spécificité supplémentaire : l'État-omnipotent.

Avec l'arrivée de la pandémie sur le territoire national, chaque gouvernement doit prendre des mesures de protection sanitaire de sa population. C'est le stade de l'État-gendarme, garant de la sécurité collective ; au nom de la santé publique, il décide seul des activités économiques qui peuvent continuer et de celles qui doivent fermer. Il impose des laissez-passer, instaure des couvre-feux, ferme les frontières, mobilise des moyens militaires pour secourir les populations. Avec quelques nuances, tous les pays d'Europe et de nombreux pays d'Asie édicteront de telles règles. Même les États-Unis prendront des mesures si rigides qu'elles susciteront une intense campagne de la NRA (le lobby des fabricants d'armes) pour demander que les armureries soient reconnues « commerces essentiels » !

Une fois la sécurité collective assurée, l'État-providence peut alors se (re)déployer ; indemnisation des chômeurs, soutien massif aux entreprises et aux professions indépendantes, renforcement des aides sociales pour les plus démunis et des services de santé. C'est le fameux « quoi qu'il en coûte » prononcé par Emmanuel Macron, qui contribuera à faire passer la dette française à 120 % du PIB à la fin de l'année 2020. Une décision encouragée par l'ancien président de la Banque centrale européenne, si l'on en croit les propos de Mario Draghi, rapportés par le ministre français de l'Économie : « Dépensez votre argent, mon ami. Il est temps de dépenser. Maintenant. Après, ce sera trop tard[1]. » Aux États-Unis, le plan CARES prévoit notamment 600 dollars supplémentaires par semaine pour tous les bénéficiaires de l'assurance-chômage[2], tandis que le Paycheck Protection Program cible le soutien aux PME. L'État fédéral américain aura ainsi dépensé en 2020 deux fois plus que ses recettes[3] ! En Afrique du Sud, pays le plus touché du continent, l'État a mis la main à la poche en mobilisant plusieurs milliards de dollars pour venir en aide aux plus démunis, tandis qu'en Côte d'Ivoire ou au Burkina Faso, il se substitue aux ménages pour payer les factures d'eau ou d'électricité[4]. Partout ou presque, l'État s'impose comme le banquier, l'assureur en dernier ressort. Par ses actions, il empêche des milliards d'êtres humains de sombrer violemment dans la pauvreté.

Enfin survient le moment de l'État-Marshall[5] quand il faut préparer la relance économique. En décidant

---

1. Bruno Le Maire, *L'Ange et la Bête. Mémoires provisoires*, Gallimard, 2021.
2. « L'indemnisation du chômage aux États-Unis », note de l'Unédic, octobre 2020.
3. Arnaud Leparmentier, « Aides au chômage, réduction d'impôts... Washington généreux avec les Américains pour sauver l'emploi », *Le Monde*, 16 septembre 2020.
4. Olivier Rogez, « Pandémie de Covid-19 : l'Afrique élargit son filet social », RFI, 20 novembre 2020.
5. Allusion au plan Marshall, programme américain de prêts aux États d'Europe pour leur reconstruction après la Seconde Guerre mondiale.

des conditions d'octroi de ses aides, l'État façonne à sa main le renouveau de l'économie du pays ; en France (100 milliards d'euros), comme en Allemagne (130 milliards) ou au Royaume-Uni (13 milliards de livres sur le « plan vert ») ! Les aides sont fléchées vers des investissements à forte valeur environnementale. Au niveau européen, les critères communautaires du plan de relance (750 milliards d'euros) sont sensiblement les mêmes, avec une condition additionnelle qui suscitera le courroux de la Pologne et de la Hongrie : le respect de l'État de droit.

La France, fidèle à sa tradition, ira plus loin encore, en poussant l'interventionnisme jusqu'à l'État-omnipotent. L'économiste Mathieu Laine parle lui d'« État nou-nou » et dénonce même une prise de pouvoir par la bureaucratie étatique à l'occasion de la pandémie[1]. Les exemples ne manquent pas pour illustrer cette situation. Nous en retenons deux qui soulignent l'intrusion de l'État jusque dans les relations entre les employeurs et les salariés. Le premier concerne la fameuse « prime Covid » évoquée plus haut. C'est par une intervention matinale à la radio qu'employeurs, syndicats et salariés entendent le ministre de l'Économie annoncer le montant d'une prime de travail, ainsi que des délais et des modalités pour la verser. Surprenant pour un gouvernement qui prétend réactiver le dialogue social ! Second exemple : le télétravail. En le rendant obligatoire, l'État est dans son droit, au nom de l'urgence sanitaire. Mais on franchit un cap supplémentaire en matière d'ingérence quand la ministre du Travail, Élisabeth Borne, fait savoir qu'elle a « pris son téléphone et soufflé dans les

---

1. Mathieu Laine, *Infantilisation : cet État nounou qui vous veut du bien*, La Cité, 2021.

bronches du PDG de Total, Patrick Pouyanné, dont le groupe recommandait à ses employés d'être là au moins deux jours par semaine[1] ». Ne délaisse-t-on pas alors le champ du droit (n'était-ce pas le rôle de l'inspection du travail ?) pour le champ de la politique, qui met en scène son hyperpuissance ? Cela traduit, en tous cas, une tendance qui n'est pas qu'anecdotique, et illustre le basculement qui semble s'être opéré à la faveur de la pandémie. Ainsi, fin janvier 2021, le veto du gouvernement français au rapprochement de Carrefour avec la chaîne de magasins canadiens Couche-Tard, ou encore les menaces lourdes à l'encontre de Volkswagen qui voudrait cesser la production de moteurs secondaires pour nos sous-marins nucléaires, témoignent de cette reprise en main « décomplexée ». Douché par l'expérience passée du rachat d'Alstom par General Electric, qui a eu de lourdes conséquences sur l'emploi et certaines filières industrielles, l'État ne craint pas dans l'affaire « Carrefour-Couche Tard » d'écorner le discours volontariste de la période « *Choose France* », lorsqu'il s'adressait aux investisseurs étrangers. Les menaces à peine voilées du locataire de Bercy ne manqueront pas d'irriter certains patrons et penseurs, qu'on en juge : « Toute entreprise est libre, bien entendu ! Mais il y a des règles économiques dont je suis le garant. La liste des secteurs nécessitant une autorisation de l'État n'est pas confidentielle [...]. Nous avons même donné la possibilité pour les entreprises qui le souhaitent de venir nous consulter au préalable. Je recommande à chacun de se servir de cette faculté. » conseille ainsi Bruno Le Maire[2]. Il n'en

---

1. Emmanuelle Souffi, « Télétravail : le gouvernement met la pression », *Le Journal du dimanche*, 8 novembre 2020.
2. *Les Échos*, 22 janvier 2021.

fallait pas plus pour exaspérer l'économiste Nicolas Baverez : « le populisme étatique qui tient lieu de politique économique à notre pays a inventé la destruction destructrice[1] ». Qu'on se le dise, l'État est de retour... et bien de retour !

Refonder la relation entreprise et société

La crise sanitaire a rebattu les cartes dans les rapports entre l'État et l'entreprise, mais aussi entre l'entreprise et la société. La Covid-19 va incontestablement renforcer les attentes de la société vis-à-vis des entreprises, même si le terrain de la transformation était déjà préparé avant la pandémie.

Initialement invitées à ne s'expliquer que sur les pratiques strictement liées à leurs activités sur le territoire national, les entreprises étaient déjà de plus en plus appelées à se justifier sur l'impact global de leur action. Sous la pression d'ONG et de citoyens, leur champ de responsabilité n'a cessé de s'étendre : responsabilité écologique, sociétale, économique, sociale... Dans un monde devenu village, où la mobilisation est facilitée par des moyens de communication peu onéreux et à fort impact, ce qui se passe aux confins de l'Asie ou de l'Afrique peut désormais faire trembler les cours de bourse à New York ou impacter le droit à Paris.

Ainsi se souvient-on du drame du Rana Plaza, dans la banlieue de Dacca, au Bangladesh. Le 24 avril 2013, cet immeuble, qui abritait des ateliers de confection travaillant pour diverses marques internationales de vêtements, s'est effondré, tuant plus de mille ouvriers.

---

1. *Le Figaro*, 25 janvier 2021.

Face à l'émotion, les donneurs d'ordre internationaux sont interpellés : coût des obsèques, indemnisation des familles, paiement des soins... qui va payer ? Ils découvrent alors qu'une foule d'intermédiaires et de sous-traitants s'est immiscée entre eux et celui qu'ils pensaient être leur fournisseur, montrant ainsi que leurs audits sociaux étaient inopérants. Les ONG se saisissent de cette affaire pour convaincre le Parlement français de réformer l'arsenal législatif, afin d'étendre le champ de la responsabilité. C'est ainsi qu'apparaît, en 2017, dans notre droit, ce concept qui agite désormais l'Union européenne, le « devoir de vigilance des sociétés mères et des entreprises donneuses d'ordre ». Il oblige ces dernières à contrôler avec plus de minutie les conditions de production à l'étranger de leurs fournisseurs, sous peine de lourdes sanctions. Agissant dans un monde global, la responsabilité des entreprises est désormais appelée à devenir totale.

Mais la régulation par le droit trouve souvent ses limites dès que l'on aborde les questions environnementales, sociales voire celles de la recherche. La science va plus vite que le législateur, et même si ses conclusions font débat (glyphosates, 5G, sels nitrités dans le jambon, etc.), illustrant ainsi l'application du principe de précaution, la société civile se sent légitime à interpeller les acteurs économiques tout autant que les acteurs politiques.

Les ONG ont compris depuis longtemps le bénéfice qu'il y avait à s'adresser à ceux qui ont de vrais effets de levier : délaissant les interpellations étatiques qui génèrent des réponses lentes et souvent alambiquées, écrasées par une technostructure procédurière, elles ciblent désormais les entreprises pour les interpeller directement. En les culpabilisant, en s'attaquant à leur image, en exigeant la publication de données, elles savent pouvoir obtenir des entreprises ciblées des décisions rapides et impactantes. Elles y sont d'ailleurs incitées par les entreprises elles-mêmes, qui, en développant un discours volontariste de responsabilité sociale, sociétale, environnementale généreux, s'obligent à opter pour des comportements plus « citoyens ». Ce que résume Matthieu Riché, le directeur RSE de Casino : « La RSE, c'est comme la finance [...], si l'on ne publie pas ses résultats, comment être crédible[1] ? »

À force de crier leur engagement pour un monde meilleur, les entreprises ont en effet rehaussé le niveau d'exigence de leurs parties prenantes (les fameux *stakeholders*) : ONG, médias, citoyens, clients, consommateurs... et chacun formule désormais des exigences à leur égard. Pour y répondre, certaines entreprises ont opté pour un nouveau statut, destiné à convaincre l'opinion qu'elles œuvrent pour une cause qui dépasse les seules « eaux glacées du calcul égoïste ». L'opération porte un nom : l'entreprise à mission.

L'entreprise à mission et ses malentendus

Considérer l'entreprise comme un acteur sociétal à part entière n'est certes pas une idée nouvelle. Elle émerge dans les années 1970 avec la montée progressive des préoccupations environnementales, et trouve son expression internationale avec l'adoption des dix principes du *Global Compact* des Nations unies au début des années 2000, qui insistent sur le respect des

---

1. Amaury Beautru, « La RSE à l'épreuve de la crise », *Linéaires*, janvier 2021.

L'entreprise et la cité

droits humains (normes internationales du travail, environnement et lutte contre la corruption).

« L'avenir appartient aux entreprises porteuses de sens », affirme ainsi le patron de la MAIF, Pascal Demurger[1]. En soi, l'idée qu'une entreprise décide de mieux considérer son impact sociétal pour se réformer et améliorer sa contribution à la vie collective est une démarche plutôt positive. C'est même heureux. C'est aussi une attente forte de l'opinion publique. Ainsi, si les Français jugent que ce sont principalement les citoyens qui peuvent faire évoluer leurs comportements pour préserver l'environnement (44 %), ils attendent tout de même que les entreprises prennent leur part (30 %) dans ce combat car ils estiment que leur capacité d'action est plus importante, notamment pour l'industrie agroalimentaire (91 %), pour les enseignes de supermarchés (89 %) ou encore pour les entreprises de l'énergie (88 %), avant même le Gouvernement (86 %) ou les ONG (80 %)[2].

L'idée prend de la vigueur dans le débat français en 2018 avec le rapport Notat-Sénard[3], qui rappelle le rôle des entreprises dans la société et insiste sur la nécessaire collaboration de celles-ci avec l'État pour atteindre des objectifs de durabilité sociétale.

D'après une étude récente du Boston Consulting Group, la raison d'être est perçue par les directeurs de

---

1. Pascal Demurger, *L'entreprise au XXIe siècle sera politique ou ne sera plus*, L'aube, 2019.
2. Étude réalisée par Ipsos pour l'Observatoire E. Leclerc des nouvelles consommations sur un échantillon national représentatif de 1 000 personnes âgées de 18 ans et plus, interrogées du 16/07 au 21/07/2020 en ligne selon la méthode des quotas.
3. Ministères de la Transition écologique et solidaire, de la Justice, de l'Économie et des Finances, du Travail, *L'entreprise, objet d'intérêt collectif*, Nicole Notat et Jean-Dominique Senard, mars 2018.

communication des entreprises essentiellement comme un « levier de réputation ». Ce n'est pas la conviction de Bruno Le Maire qui, en faisant adopter la loi Pacte (2019), va réformer significativement le droit des sociétés. L'opération se décline ainsi en trois étapes, chacune d'entre elles offrant la possibilité d'aller de plus en plus loin dans l'engagement. D'abord la réforme de l'article 1833 du Code civil, qui pose que « la société est gérée dans son intérêt social, en prenant en considération les enjeux sociaux et environnementaux de son activité ». Ici, la réforme touche toutes les entreprises, et pas seulement les volontaires. Ensuite, la création du concept de « raison d'être » (article 1835 du Code civil) postule que les statuts « peuvent préciser des principes dont la société se dote et pour le respect desquels elle entend affecter des moyens dans la réalisation de son activité ». Le succès de la « raison d'être » sera immédiat et l'on estime après un an que 60 % des entreprises du CAC 40 se sont dotées d'une raison d'être de manière plus ou moins formelle (adoption par l'AG des actionnaires ou simple déclaration). Dans le milieu de la distribution, on retrouve des entreprises comme Décathlon ou Carrefour. Ainsi, cette dernière affirme-t-elle que sa raison d'être est de participer à la transition alimentaire, en proposant à ses clients des services, des produits et une alimentation de qualité et accessibles à tous. Enfin, la dernière étape du processus, la plus aboutie, permet de passer de la raison d'être au statut d'entreprise à mission. Les exigences sont alors beaucoup plus strictes, avec réforme de la gouvernance et certification par un organisme tiers du respect par la société à mission des objectifs sociaux et environnementaux mentionnés dans ses statuts.

Au vu des contraintes, l'engouement des dirigeants est plus modéré, et dans le monde des entreprises cotées, seule Danone avance en pionnière sur la voie de la société à mission. Cette dernière revendique ainsi vouloir à la fois apporter la santé par l'alimentation au plus grand nombre, tout en promouvant une plus grande place aux salariés dans l'entreprise (« une personne, une voix, une action ») et en se fixant des objectifs environnementaux et d'inclusion. On peut certes se demander comment ces objectifs louables vont s'articuler avec les impératifs de rentabilité plus court-termistes exigés de leurs actionnaires, mais l'affaire semble sous contrôle. Une telle audace vaut à son leader, le charismatique Emmanuel Faber, tous les honneurs du monde médiatico-politique. Dans un pays comme la France, où l'entreprise n'est bien vue que si elle est petite et fragile, il n'en fallait pas plus pour attirer l'attention des commentateurs et faire monter la cote de popularité (un peu moins la cote boursière !) de ces sociétés qui basculent dans le nouveau monde de « l'entreprise ultra-altruiste ».

Quelques voix tentent de se faire entendre et dénoncent les risques que revêtirait l'entreprise à mission, comme ce collectif d'ONG (Éthique sur l'étiquette, Les Amis de la Terre, Terre solidaire...) : « un statut spécifique pour les sociétés s'engageant dans la RSE conduirait les autres à prendre faiblement en compte des objectifs sociaux et environnementaux. Cela ruinerait des années d'efforts de la société civile organisée, des pouvoirs publics et de certains groupements d'entreprises pour faire progresser l'ensemble des entreprises vers plus de responsabilité sociale[1]. » Des professeurs

---

1. « Le projet de société à mission est "une fausse bonne idée" », *Le Monde*, 15 mars 2019.

d'économie dénonceront aussi une forme de supercherie, tel Philippe Silberzahn : « il y aurait d'un côté les entreprises qui font du profit sans avoir d'impact sur la société, et de l'autre celles qui s'intéressent à la société sans se salir avec le profit. Et choisis ton camp camarade ! Ce modèle binaire, séparant le profit sans impact sociétal et l'impact sociétal sans profit, semble satisfaire les extrémistes des deux camps, sans doute précisément parce qu'il permet de définir deux camps. Cette dichotomie est contre-productive et elle est aussi destructive[1]. » L'ancien banquier de centre-gauche, Jean Peyrelevade, ne fait pas dans la nuance non plus quand il analyse les premières conséquences de la loi : « elle n'a fait que tisser un manteau, au mieux de contradictions, au pire d'hypocrisies, dont se sont enveloppés à leur choix et selon leurs tempéraments certains grands patrons du CAC 40[2]. »

Face à ces critiques, gouvernement et entreprises ne lésinent pas sur la communication pour vendre la réforme ; « chaque entreprise a une raison d'être non réductible au profit et elle n'est pas la propriété des seuls actionnaires » affirme ainsi le ministère de l'Économie dans son dossier de presse[3]. Le retour de bâton n'en pouvait être que plus violent.

Ainsi, les annonces de licenciements chez Danone ou le recours au chômage partiel massif chez Carrefour ont-ils fortement troublé les commentateurs. « Une entreprise doit-elle gagner de l'argent ou changer le

---

1. https://philippesilberzahn.com/2021/01/11/societe-a-mission-et-profit-le-en-meme-temps-est-il-possible/
2. « Capitalisme inclusif : les limites de la loi Pacte », *Les Échos*, 13 janvier 2021.
3. https://www.economie.gouv.fr/igpde-seminaires-conferences/loi-pacte-quels-defis-pour-nouvelle-forme-dentreprise-societe-a-mission

monde ? » interroge sans illusion Emmanuelle Ducros[1]. Il faut entendre la déception dans la voix de la journaliste Léa Salamé, lorsqu'elle questionne, à l'automne 2020, le patron de Danone sur le plan de licenciements qu'il vient d'annoncer : « est-ce que finalement c'est le cours de bourse qui a décidé... vos actionnaires ne sont pas contents et finalement à la fin c'est eux qui décident, finalement Danone se normalise (...) ce que je veux vous dire c'est que le coup a été d'autant plus surprenant qu'il vient de vous Emmanuel Faber (...) en fait quoi, vous êtes un patron comme les autres, rattrapé par le cours de bourse et ses actionnaires et vous ne pouvez pas faire grand-chose ?[2] ». « Danone a été obligé de rentrer dans le rang du capitalisme bien ordonné » en conclut l'éditorialiste Stéphane Lauer[3].

On peut trouver cela immoral, mais André Comte Sponville nous rappelle depuis de nombreuses années que pour le capitalisme : « le système est plutôt amoral, c'est-à-dire nullement préoccupé de morale... ce qui est une condition de son efficacité[4] ! ». Toute cette affaire illustre en tous cas l'incompréhension qui est née de ce discours sur « l'entreprise politique ». Pour être juste avec Emmanuel Faber ou Alexandre Bompard, en s'inscrivant dans la philosophie portée par la loi Pacte, ils se sont fixés des objectifs additionnels et de long terme (et comment leur reprocher ?), mais à aucun moment ils n'ont annoncé changer de modèle économique ou de règles de financement pour leurs

---

1. « Raison d'être, société à mission : le "en même temps" est aussi difficile pour les entreprises », *L'Opinion*, 26 novembre 2020.
2. France Inter, « L'invité de 7 h 50 », 24 novembre 2020.
3. *Le Monde*, 1er décembre 2020.
4. « Le capitalisme est amoral et c'est normal », Gaëlle Macke, *Challenges*, 4 décembre 2014.

entreprises. Devenir une « entreprise à mission » ou opter pour une « raison d'être » ne les dispensent pas de devoir d'abord faire primer l'intérêt de l'entreprise, en rapport avec son objet social fondateur. Le respect des autres objectifs doit être un but vers lequel tendre, mais en aucun cas il ne peut devenir un détournement de la vocation première de l'entreprise. Et dans une période de crise sévère, l'actionnaire reste d'autant plus exigeant qu'il est anonyme et souvent « non résident ». En vérité, les commentateurs qui ont cru qu'opter pour le statut d'entreprise à mission signifiait basculer dans l'économie sociale et solidaire en sont pour leurs frais.

Pour résoudre cette équation complexe, Édouard Leclerc avait imaginé de son côté une organisation particulière qu'il a appliquée (dès les années 1960 !) à l'organisation du Mouvement E. Leclerc. Ainsi, tout exploitant d'un magasin à enseigne E. Leclerc se doit d'abord d'adhérer individuellement à une association dont la raison d'être formalise trois engagements sociétaux : la défense du pouvoir d'achat, le partage des profits avec les salariés par l'intéressement et la participation, et l'implication bénévole de tous les adhérents dans la vie collective quotidienne. Les sociétés de moyen du groupement (centrales d'achat, sociétés spécialisées sur des services ou la production de biens particuliers) doivent impérativement servir ces objectifs. À travers cette organisation, Édouard Leclerc faisait porter sur les entrepreneurs eux-mêmes (et non sur leur société commerciale) le respect du contrat fondateur. Édouard ne croyait pas que les statuts d'une société suffisaient à l'engager. Il croyait au contraire à l'engagement individuel des entrepreneurs, contrôlés par leurs pairs au sein de l'association détentrice de la marque.

L'entreprise et la cité

Le débat sur l'entreprise à mission ne fait que commencer. Toutes les entreprises – à mission, ou pas – ont été attirées sur un terrain d'expression sociétale et médiatique duquel elles ne pourront plus s'extraire. Même les syndicats de salariés investissent désormais ce champ de revendication dans leurs négociations avec le patronat, comme l'a illustré récemment encore le responsable de la CFDT, Laurent Berger, avec ses 66 propositions pour le pouvoir de vivre. Les entreprises qui refuseront de mieux considérer les problématiques environnementales et sociétales dans leur action quotidienne se verront ainsi rappelées à l'ordre par une société civile devenue intransigeante sur ces questions. C'est une mutation lente, progressive, mais inéluctable, et la Covid-19 n'a fait qu'accentuer les attentes de la société à cet égard. L'entreprise au XXIe siècle sera politique, c'est incontestable !

Vers une plus grande coopération ?

Depuis des mois, et encore pour de nombreux mois, entrepreneurs et entreprises vivent au gré des décisions politiques : interdictions temporaires d'exercice, restrictions de circulation, réquisitions, versement d'argent public, relocalisation de productions... ce qui était jadis assimilé à de l'interventionnisme soviétique a soudainement retrouvé des couleurs de modernité. Alors qu'on pensait, au début de l'année 2020, que les multinationales de l'Internet et du divertissement étaient les grands vainqueurs de nos économies dérégulées, voilà qu'à la faveur de la Covid-19, elles doivent désormais composer avec des élus locaux et des syndicats du vieux monde !

Que restera-t-il de tout cela ? Sur le long terme, la tendance à moins de dirigisme étatique va rapidement retrouver ses avocats. Sur plusieurs sujets (masques, vaccins), dans l'achat comme dans la distribution, l'État ne s'est pas illustré par une efficacité supérieure aux opérateurs privés. Au-delà de ces mouvements de balancier, inévitables en période de crise, cette pandémie aura toutefois créé, entre l'État français et les entreprises de son territoire, de nouvelles formes de collaboration, impensables jusqu'alors, et tout le monde aurait à gagner qu'elles survivent à la Covid-19. « L'entreprise est souvent perçue comme un acteur à vocation exclusivement économique et comme une personne privée. Or son activité est indissociable de finalités qui dépassent les intérêts privés. En créant de nouveaux "communs", l'entreprise bouleverse les représentations qui opposent public et privé, ou économique et social. Elle participe ainsi à l'émergence d'un monde que nous qualifions de "post-hégélien" » affirmaient des chercheurs en 2014[1]. On le sait peu, mais durant le premier confinement, des salariés d'entreprises privées comme L'Oréal ou LVMH[2] ont été mis à disposition de l'État français pour l'aider à sécuriser ses approvisionnements en Chine. Ces entreprises ont même fait l'avance de capitaux pour acheter masques et blouses ! Que l'État s'appuie sur ces grands groupes, fins connaisseurs des processus d'achat[3]

---

1. Kevin Levillain, Blanche Segrestin, Armand Hatchuel, « Repenser les finalités de l'entreprise. La contribution des sciences de gestion dans un monde post-hégélien », *Revue française de gestion* 2014/8 (N° 245), p. 179-200.
2. « Crise sanitaire : les 6 leçons du privé à l'État », *L'Opinion*, 7 janvier 2021.
3. Véronique Chocron, « Les entreprises françaises lancées dans une course mondiale aux masques », *Le Monde*, 23 avril 2020.

sur place, c'est plutôt une bonne idée, et ceux qui le déplorent ont tort de condamner cette recherche d'efficacité.

« Autrefois, les rôles étaient bien répartis : l'État détenait l'intérêt général, la société civile se préoccupait de ses besoins, et les entreprises, de leurs profits. À ce prix, les entreprises pensaient avoir gagné leur liberté, en réalité, elles étaient sorties de l'histoire. Désormais, l'État, la société civile et les entreprises dessinent en commun l'avenir[1] » constate le professeur aux Mines Armand Hatchuel. Passé l'affrontement d'hier, un nouveau modèle basé sur une plus grande coopération entre acteurs privés et publics peut-il durablement émerger de cette crise ? L'idée est aussi vieille que les premières théories économiques, et pourtant le moment semble favorable à une approche renouvelée, plus pragmatique, des rapports économiques entre ces blocs. Bien sûr, il faudra continuer à clarifier les règles afin d'éviter les risques de conflits d'intérêt, mais la montée en puissance des exigences de transparence, tant publique que privée (lutte anticorruption et politique de conformité des entreprises), peut y contribuer.

---

1. Anne de Guégné, « Quand les entreprises redéfinissent le bien et le mal », *Le Figaro*, 2 février 2021.

Le télétravail,
ce nouvel eldorado ?

Du premier confinement en mars 2020, je garde un souvenir glacé des longues journées passées à Ivry-sur-Seine, au sein d'un immense siège social déserté par ses milliers de visiteurs habituels. Plus un seul salarié, plus aucun adhérent de la coopérative, plus un seul fournisseur ni consultant. Il faut dire que 63 000 mètres carrés de locaux, occupés en tout et pour tout par une dizaine de personnes, c'est un sacré vide ! En arpentant les couloirs, j'étais désolé de ne plus entendre de rires ou d'interpellations d'un bureau à l'autre, je restais frustré de ne plus croiser tous ces visages familiers qui savent partager un peu de leur joie de vivre.

Même si le commerce n'a pas été le plus grand pourvoyeur de télétravailleurs, il n'en demeure pas moins qu'il a été, lui aussi, traversé par les débats sur cette nouvelle organisation de travail. Dans certains services administratifs de magasins ou d'entrepôts, ainsi qu'au siège de tous les distributeurs, on n'est pas passés à côté du sujet. Je sais qu'il en a été de même chez nos fournisseurs industriels, eux aussi confrontés à la nécessité de faire cohabiter deux modalités de travail radicalement différentes, au sein d'une même organisation.

Dans des secteurs où le présentiel est indispensable à une partie de l'activité, les débats sur les conditions du télétravail ont longtemps été repoussés aux calendes grecques, dès lors qu'ils ne concernaient qu'une infime partie des effectifs. Avec la Covid-19, nombre de sujets du « monde d'hier » deviennent des sujets désormais incontournables pour le « monde de demain ». Ceux qui ont eu la tentation de les ignorer en seront pour leurs frais, prévient la journaliste Bertille Bayart : « La pandémie ne crée pas un monde nouveau [...] mais cette crise amplifie des tendances engagées dans le monde d'avant comme la digitalisation, la démondialisation relative des chaînes de valeur et l'évolution des formes de travail. Une accélération du temps révèle qui en a perdu[1]. »

Des marchés dopés par le télétravail

Si, en 2016, une entreprise sur deux estimait qu'elle n'était pas en mesure de proposer une forme de télétravail avant 2026[2], il y a lieu de constater que la pandémie aura été un incroyable transformateur. Ainsi, les fameuses discussions entre industriels et commerçants, au sein de box de négociations qui suscitent tant de fantasmes, sont passées en mode visio !

À court terme, l'accroissement du travail à domicile a déjà dopé beaucoup de marchés : équipement informatique, consommables, abonnements haut débit...

---

1. « Le monde d'après qui rappelle celui d'hier », *Le Figaro*, 24 novembre 2020.
2. Béatrice Parrino, « Et si l'on continuait à télétravailler ? », *Le Point*, 27 mars 2020.

Nombre de vendeurs (Fnac, Amazon, Darty, Boulanger, etc.) et de fournisseurs de services (Orange, Free, Bouygues et toutes ces sociétés du Net qui fournissent des solutions de communication) ont vu leurs activités exploser du fait de cette assignation à résidence de millions de travailleurs. Si l'on ajoute tous les salariés placés en chômage partiel, on comprend pourquoi les médias ont pu autant doper leur audience. Ainsi, Médiamétrie a-t-elle révélé qu'en 2020, les Français auront passé en moyenne 3 h 58 par jour devant leur écran, contre 3 h 40 en 2019[1]. Ce chiffre est même monté à 4 h 29 au mois de mars. Le Tour de France n'aura jamais connu de telles audiences qu'en 2020 ! Et comme le soir on ne pouvait ni sortir dîner chez des amis ni aller au théâtre ou au cinéma, des fournisseurs comme OCS ou Netflix ont bien su tirer leur épingle du jeu !

À moyen terme, c'est une petite révolution qui peut surgir de cette pandémie, dans laquelle les locaux sociaux d'entreprises sont remplacés par une organisation hybride, dont le domicile du collaborateur devient une composante. Ainsi, l'architecte Nicolas Laisné nous annonce la mutation future des immeubles d'habitation qui vont proposer « des espaces communs spécifiquement dédiés au travail au sein de chaque immeuble, avec les équipements adéquats[2] ». Demain, des espaces de *coworking* en pied d'immeuble réuniront-ils les voisins de palier, à l'image des buanderies ou des salles de sport ?

Et déjà pointent d'autres mutations. Ainsi, la Chambre des notaires du Grand Paris a-t-elle observé,

---

1. Médiamat Annuel 2020 du 30 décembre 2019 au 3 janvier 2021.
2. « Vite, des bâtiments mixtes pour télétravailler à domicile ! », *Le Point*, 22 avril 2020.

depuis fin mai 2020, un embrasement des prix des maisons situées en première et en deuxième couronne de Paris. Le télétravailleur parisien étouffe dans son studio et rêve d'un lieu un peu plus grand. Si la recherche d'une maison à la campagne ne concerne qu'une poignée de foyers aisés, la perspective d'un télétravail durable pousse en revanche des familles de grandes métropoles vers les villes moyennes, pourvu qu'elles soient bien desservies en transports en commun. Quelques minutes de train en plus le matin contre quelques mètres carrés supplémentaires ? Le journaliste Quentin Périnel interroge à juste titre : « Où télétravaillerons-nous demain ? Si à l'heure du confinement, [cette question] peut paraître absurde – chaque télétravailleur étant assigné à résidence – elle l'est beaucoup moins à moyen et long terme, quand le Covid-19 sera derrière nous[1]... » Les professionnels de l'immobilier parlent déjà de « la revanche des villes moyennes », citant par exemple Le Mans, Toulon ou Angers[2]. Le télétravail, au secours de la revitalisation des centres-villes ?

Un monde merveilleux... mais pas pour tous !

Alors que le télétravail pouvait être considéré comme une conquête sociale arrachée temporairement à la faveur d'un virus, il va devenir un standard du « monde d'après », désormais régi par un

---

1. « En télétravail oui, mais pas à la maison ! », *Le Figaro*, 26 novembre 2020.
2. Bilan du pouvoir d'achat immobilier de 2020, Meilleurtaux.com, janvier 2021.

accord interprofessionnel[1]. Ce n'est en effet pas le moindre des paradoxes ; alors que début 2020, en France, le débat sur le droit à la déconnexion bat son plein, voilà que soudainement la société se met à glorifier un mode de travail qui empiète largement sur l'espace privé du travailleur ! Comment délimiter la frontière vie professionnelle/vie personnelle quand la culture de l'entreprise s'invite dans le salon des familles françaises ?

La révolution du télétravail pourrait aussi être porteuse de multiples tensions sociales qu'on n'a pas fini d'appréhender ; disponibilité *online* permanente, désocialisation des collaborateurs, affaiblissement de la culture d'entreprise voire de l'*affectio societatis*, discrimination entre collaborateurs exposés ou non au télétravail. De toute évidence, les fractures sociales au sein du nouveau monde du travail en construction ne doivent pas être minimisées.

Et que dire de la suspicion de nombre d'encadrants quant à la réalité du travail effectué par leurs équipes à distance ? C'est la fameuse blague « le télétravail, c'est la télé quand je veux, et le travail quand je peux ! ». Dès lors, « 45 % des salariés français en télétravail seraient surveillés par leur employeur *via* un outil de contrôle[2] ! ». Peut-être d'ailleurs certains patrons ont-ils été confortés dans leur méfiance en découvrant l'étude publiée par le site de rencontre Gleeden[3], qui assure que durant l'année 2020,

---

1. Accord national interprofessionnel (ANI) du 26 novembre 2020 pour une mise en œuvre réussie du télétravail.
2. Sarah Asali, « Télétravail : ces outils (plus ou moins légaux) qui permettent à votre employeur de vous surveiller », *Capital*, 7 janvier 2021.
3. Christine Mateus, « Sexe : le reconfinement a réveillé la libido des télétravailleurs », *Le Parisien*, 8 décembre 2020.

34 % des télétravailleurs auraient joyeusement mis entre parenthèses quelques tâches de bureau et autres visioconférences pour s'octroyer un moment sous la couette avec leurs conjoints. Au-delà de l'anecdote, il existe bien une méfiance chez de nombreux managers pour qui le travail en présentiel est le garant d'une mobilisation effective des collaborateurs. Beaucoup d'études sociologiques ou de sondages ont démontré depuis longtemps que c'était un mythe et qu'on pouvait être largement improductif tout en faisant des heures supplémentaires. Il n'empêche, c'est un cliché qui a la vie dure. Le télétravail oblige le manager à s'interroger sur sa propre capacité à fédérer et à engager ses équipes, pour les responsabiliser sans avoir besoin de les fliquer.

Les sociologues du travail vont devoir actualiser leurs grilles d'analyse sur les rapports hiérarchiques et réviser leur doctrine sur les liens de confiance entre le salarié à distance et son entreprise, car l'explosion du télétravail soulève bien d'autres questions pour lesquelles toutes les réponses n'existent pas encore ; comment donner à chacun la visibilité qu'il pense perdre du fait de son isolement à domicile ? Comment éviter le silotage de l'information jadis atténué par les rencontres impromptues dans les couloirs ou autour de la machine à café ? Comment rassurer les salariés quant à leur appartenance à une communauté de travailleurs, quand des entreprises annoncent réfléchir à la réduction des surfaces de leurs sièges sociaux, voire de leurs effectifs ? Les premières estimations nous annoncent ainsi que le parc de bureaux pourrait fondre de 2 à 12 % en dix ans ! Quand le DRH du groupe PSA (Peugeot-Citroën) annonce vouloir faire passer définitivement 40 000 personnes en télétravail

Le télétravail, ce nouvel eldorado ?

(dont 18 000 en France), on mesure le bouleversement qui va en découler dans les habitudes de travail, dans les relations sociales entre collègues comme dans les conditions logistiques (bureaux tournants, réduction des surfaces de locaux sociaux, etc.). L'exemple est d'autant plus interpellateur qu'il a lieu dans un secteur, l'automobile, pas toujours vu comme le plus innovant en matière de RH. D'autres grandes entreprises lui emboîteront le pas. Ceci n'est pas sans susciter des inquiétudes chez les cadres, jusqu'alors un peu plus préservés, comme le rappelle justement le journaliste David Barroux : « Lors des précédentes crises, les cols bleus et les usines étaient en général les principales victimes des plans de restructuration ; cette fois-ci, les sièges et ceux qui occupent des fonctions dites centrales seront en première ligne[1]. »

Tout le monde ne vit donc pas le télétravail de la même façon. Derrière le tableau idyllique du télétravail, qui permet un meilleur équilibre vie professionnelle-vie personnelle, se cache une réalité plus nuancée. L'homme demeurant un être social, il a besoin du contact des autres pour se construire et progresser. À la différence du premier confinement, j'ai été surpris d'entendre, lors du deuxième confinement, nombre de collaborateurs manifester leur souhait de revenir au siège une ou deux journées par semaine. Les motivations étaient le plus souvent liées à une recherche d'amélioration de leurs conditions de travail. Quand on vit dans un petit appartement de grande métropole et que le salon devient un *open space* familial, partagé avec un conjoint lui-même en

---

[1]. « Covid-19 : la lourde menace qui pèse sur les cols blancs », *Les Échos*, 14 janvier 2021.

visio, et un étudiant qui suit ses cours à distance, on chérit parfois le retour au bureau !

Avant 2020, les employeurs négociaient chichement le télétravail. En 2021, ils en deviennent les promoteurs !

La communication, un enjeu stratégique

La communication est au cœur du rapport entre l'entreprise et la société. C'est là que se joue la lecture des intentions de chacun, dans sa capacité d'émettre, dans l'adéquation entre ce qu'il dit et ce qu'il fait. Cette crise fut incontestablement une épreuve de communication pour nombre d'entreprises comme pour le gouvernement.

Communication empathique

Selon le rapport « Corporate Reboot » de l'agence de communication BETC, « 78 % des *Prosumers* (les consommateurs les plus prédictifs) souhaiteraient que leurs marques et entreprises favorites jouent un rôle plus important dans la résolution des problèmes sociétaux. » La crise de la Covid-19 est une occasion pour les entreprises de montrer qu'elles sont prêtes à prendre leur part.

Ainsi, toutes les enseignes de distribution ont-elles mis entre parenthèses, durant le premier confinement, leur communication commerciale, pour investir le champ de la solidarité et de la bienveillance. Était-ce une façon de s'excuser d'être au travail, pendant que le reste du pays était à l'arrêt ? Peut-être. Mais il serait injuste de dénier à la distribution l'envie de faire corps avec la société. Des salariés de la distribution sont malades, leurs proches sont touchés, certains de leurs parents travaillent dans le soin porté aux malades (hôpitaux, Ephad, auxiliaires de vie, etc.). Ces entreprises sont en immersion permanente dans le quotidien des Français. Le supermarché est un lieu de vie, d'échanges. C'est un *forum*. Cette proximité se traduit d'ailleurs souvent dans les classements du type « entreprises préférées des Français ». Le baromètre Posternak-Ifop l'illustre chaque trimestre, et plus encore au quatrième trimestre 2020 où trois distributeurs figurent dans le Top 10, E. Leclerc parvenant même à détrôner le titulaire historique de la première place (Michelin).

La communication des enseignes ne pouvait donc pas être en dissonance avec ce que ressentait le pays à ce moment-là. Les premiers messages radiophoniques des distributeurs insistent d'ailleurs d'abord sur la sécurité : respect des gestes barrières et respect des personnels. Progressivement, les campagnes de communication revendiquent d'autres valeurs, affirment une solidarité ; avec les soignants (dons alimentaires, horaires réservés en magasin…), avec les paysans (suspension des importations de fruits ou de poissons, valorisation des productions locales…) et avec les associations (banques alimentaires, accueil des associations agissant sur les violences faites aux femmes…). L'entreprise s'expose, communique, mais sur du concret, et nul doute que ces engagements correspondent à une attente sociétale.

Une étude menée par Kantar durant le premier confinement fait d'ailleurs ressortir que sur les huit plus importantes décisions que devraient prendre les entreprises, quatre relèvent du champ de la solidarité : faire des dons aux hôpitaux, à la recherche, se mettre à la disposition du gouvernement pour se rendre utiles, relocaliser en France certaines productions[1]. En fin d'année 2020, Intermarché, avec son joli clip rendant hommage aux soignants, décide de garder ce ton, bien que l'ambiance entre le premier et le deuxième confinement soit devenue très différente dans le pays. Thierry Cotillard, patron de l'enseigne, le justifie : « Quand nous avons choisi la thématique de la solidarité pour cette nouvelle campagne, je me suis dit que nous pouvions le faire car nous n'étions pas attaquables sur le sujet et que nous avions tendu la main à notre écosystème depuis le début de l'année[2]. »

Les grandes marques aussi s'investissent. Coca-Cola annonce ainsi, dès la fin mars, suspendre ses annonces publicitaires et faire un don de 120 millions de dollars pour des actions de soutien à la santé. D'autres entreprises, en faisant muter leur appareil de production, sauront faire savoir qu'elles participent très concrètement à protéger les Français, même si ce n'était pas leur cœur de métier (parfumeurs, alcooliers, constructeurs automobiles). Burger King arrivera subtilement à construire une pub capable de marquer sa solidarité, tout en soulignant l'attachement des consommateurs à ses célèbres sandwichs. La chaîne de fast-food fera encore plus fort en lançant une campagne pour inciter

---

1. Covid-19 Monitor, Kantar, mars 2020.
2. « Notre responsabilité est de continuer à investir dans la communication », *Influencia*, 29 novembre 2020.

les Français à commander des plats auprès des restaurateurs qui font de la vente à emporter : « Si vous souhaitez les aider, continuez à vous régaler à la maison grâce à la livraison, à la vente à emporter et aussi au drive. Avec un Whopper c'est mieux, mais si c'est avec un Big Mac [le célèbre sandwich de son concurrent McDo] c'est déjà pas mal » ! Heineken saura mettre à l'honneur sa bière tout en ironisant sur les « apérovisio » qui tournent souvent au calvaire. D'autres joueront avec leur logo, telle Volkswagen en séparant les lettres de son sigle (VW) ou des morceaux de lettre (le fameux M de McDo) pour symboliser la nécessité de garder ses distances. Toutes se veulent à l'unisson de la société, traumatisée par ce virus meurtrier.

L'entreprise doit faire corps avec la société

L'expert en marketing Mark Ritson n'est pas du tout favorable à cette communication compassionnelle, et il le dit de façon assez cash : « Le monde n'a pas besoin de votre soutien ou de vos inquiétudes. Vos entreprises n'ont pas besoin de campagnes de communication soulignant à quel point vous vous souciez du monde. Elles ont besoin que vous fassiez votre job. Développez des produits et des services qui vont répondre aux nouveaux défis annoncés par le Covid pour l'été à venir [...]. Faites de l'argent, pas de jolies déclarations morales. Et magnez-vous[1]. » Derrière le vernis de la provocation, le propos pourrait sonner juste. Mais entre la nécessité d'assumer sa raison d'être

---

1. « Plutôt que de communiquer sur le coronavirus, les marques devraient réfléchir à leur business », *L'ADN*, 26 mars 2020.

et celle de faire corps avec la société dans laquelle elle évolue, un faux pas est facile. La mésaventure des lunettes Polette nous le rappelle. En mars, en plein cœur de la pénurie, la marque a l'idée d'offrir deux masques chirurgicaux pour l'achat d'une paire de lunettes de soleil. Un acte strictement commercial, même s'il peut être utile. La polémique est immédiate, à l'heure où les masques manquent dans les hôpitaux ! Devant le pataquès et l'appel au boycott, son CEO doit se fendre d'un mot d'excuse. L'émotion passée, la faute expiée, oserais-je signaler que, dans les mêmes médias critiques à l'égard de Polette, personne ne relèvera, quelques semaines plus tard, la campagne du *Parisien*, qui, le 11 mai 2020, offrira un masque chirurgical à ceux qui achèteront son journal ! Cette contradiction apparente nous rappelle que la communication est aussi une affaire de moment et de contexte.

Communication digitale, communication frontale

Le temps d'écran des Français ayant considérablement augmenté durant le confinement, c'est bien naturellement que les entreprises investissent massivement ce canal médiatique, et notamment les réseaux sociaux qu'elles maîtrisent avec plus ou moins de dextérité. L'exercice pour elles n'est pas simple, car la communication digitale est souvent une communication frontale. Nombreuses sont celles qui y pénètrent avec l'idée qu'elle est une continuation de la communication papier, par d'autres moyens. La communication y reste descendante, et le message ne parvient pas à rencontrer son public. C'est un peu comme des cours de fac sans TD, où l'enseignement ne serait que magistral ! Avec les réseaux sociaux, tout le monde est désormais au même niveau : tous ceux à qui l'entreprise s'adressait précédemment de manière unilatérale se mettent désormais à lui parler. Et même à l'interpeller sur des sujets multiples et variés. Par-delà une culture politique et sociale commune, des coalitions hétéroclites et temporaires se font et se défont, au gré des maladresses et des indignations. En quelques heures, des armées de communicants chevronnés peuvent être pris de court. On passe ainsi de la communication verticale à la communication partagée. ONG, *followers* et autres influenceurs challengent désormais chaque message *corporate* et recourent à des moyens de mobilisation massive (pétitions, envoi de mails en nombre, vidéos virales, etc.) pour partir à l'assaut d'une marque. L'association L214 excelle dans ce genre de pratique.

Mais pour une action réellement justifiée, combien d'autres ne visent qu'à nuire ? C'est l'une des dérives du système actuel ; c'est désormais presque exclusivement par le détail – voire l'anecdote – que les entreprises sont jugées. J'ai pu le constater durant ma carrière : depuis six ou sept ans, il faut désormais se justifier globalement, même pour une bourde locale. À l'heure du « village global », il n'y a plus d'information locale, et un dirigeant se doit de répondre sur tout, quel que soit l'endroit où cela se passe. Un problème dans une poubelle de magasin, et c'est la politique anti-gaspillage de toute l'enseigne qui est soudainement piétinée dans les principaux médias, avec sommation d'y répondre.

Forcément cupide et égoïste, l'entreprise est présumée responsable et coupable. Rappelons-nous les violents commentaires, suite aux images montrant des boîtes de conserves abandonnées en forêt, estampillées Carrefour et E. Leclerc. Immédiatement, les enseignes ont dû réagir, démentir, promettre des enquêtes internes... alors qu'aucune preuve n'étayait leur responsabilité. Il fallut serrer les dents et faire pénitence, jusqu'à ce que la police identifie le responsable, quelques heures plus tard : le bénévole d'une association de solidarité.

Des années d'investissement, des millions d'euros de campagnes publicitaires s'évaporent ainsi subitement, par l'effet d'un *tweet* assassin, d'une vidéo bien montée ou d'une pétition assise sur une émotion légitime mais sur-sollicitée. La mauvaise nouvelle ne sera jamais effacée par dix annonces positives. Le sociologue Gérald Bronner[1] rappelle d'ailleurs que sur Twitter, la fausse information circule six fois plus vite que la vraie. Et le moteur de recherche Google se chargera de coller ce *bad buzz* à la réputation de l'entreprise, comme Hergé le fit avec le sparadrap du capitaine Haddock. Dans cette lutte d'influence, les dirigeants n'apportent pas toujours la bonne réponse (mais il n'y a pas de vade-mecum !), et si l'entreprise ne peut s'adosser à un « passif » de communication positive qui lui permet d'avoir un socle de soutiens, elle se fait broyer. À l'image du Slip français et de son talentueux président, Guillaume Gibault, dont toute la communication de marque a pris naissance sur ces réseaux. En quelques années seulement, il a réussi à trouver des clients, mais plus encore, des ambassadeurs, pour développer sa marque et son concept. Son enracinement et son « historique » de communication étaient suffisamment solides et crédibles pour que l'entreprise puisse se sortir (non sans difficulté) de l'affaire de « blackface ». La gestion de crise n'a pas été la plus simple pour ce jeune entrepreneur, d'autant que l'indignation est née et a grandi au

---

1. Gérald Bronner, *Apocalypse cognitive*, PUF, 2021.

sein même de l'écosystème médiatique qui l'a fait roi. Une autre entreprise, moins communicante et moins engagée, n'aurait sûrement pas pu résister à la vague d'indignation.

Bien sûr, des journalistes ont aussi une part de responsabilité dans ce traitement médiatique par le petit bout de la lorgnette, et les excuses (*manque de temps* ou *manque de moyens pour enquêter*), si elles sont souvent fondées, ne justifient pas une telle dérive. Les politiques sont aussi en cause, en se focalisant excessivement sur ces réseaux sociaux, qui malgré leur audience et leur taux de pénétration, ne reflètent pas pour autant « la France », même s'ils en expriment une large facette[1].

Est-ce que tout cela est plus violent qu'auparavant ? Rien n'est moins sûr. Quand, dans les années 1980, des collectifs écologistes envahissaient les sièges sociaux des compagnies pétrolières, ou lorsqu'à la fin des années 1990, les activistes anti-sida investissaient les laboratoires pharmaceutiques, leurs actions étaient elles aussi d'une violence symbolique incontestable. Elles étaient toutefois circonscrites au lieu où se déroulait l'action et aux personnes présentes. Parfois, la presse s'en faisait l'écho, mais tout cela était finalement limité. Désormais, les choses changent par le simple usage d'un smartphone, et il faut accepter que ce n'est pas forcément une mauvaise chose. C'est déstabilisant, mais ça s'apprend, ça se pilote. On peut s'organiser. Ce n'est pas en fuyant ou en fermant les écoutilles qu'on va pouvoir protéger la marque. Forcément, il faut répondre. Et puis certaines mobilisations font progresser la société et permettent d'avancer plus vite.

---

1. Nicolas Celnik, interview de Dominique Boullier, « Il faut que les politiques quittent Twitter », *Libération*, 10 janvier 2021.

Communication politique

S'il est fréquent de tenter de « tirer les leçons » de la Covid-19 en matière commerciale ou sanitaire, on devra aussi le faire pour la communication. Incontestablement, cette crise aura posé des jalons nouveaux dans les stratégies des « dircoms », et il sera intéressant que des chercheurs se penchent sur cette matière, à l'image de ce qui fut fait il y a trente ans par les journalistes Daniel Chaize et Robert Tixier-Guichard[1].

Dire ce que l'on fait pour la société, tout en évitant de donner l'impression de tirer parti des drames humains pour redorer son image. Répondre aux exigences de solidarité, attendue par l'opinion publique, sans passer pour des cyniques ou des rapaces. Tel aura été l'exercice difficile de dizaines d'entreprises durant cette crise. L'agence de conseil en communication CorioLink a interrogé des journalistes sur l'opinion qu'ils se sont faite de la communication des entreprises durant le premier confinement. Si une écrasante majorité d'entre eux considèrent que les dirigeants d'entreprises ont globalement bien communiqué, ils sont beaucoup plus sévères quand il s'agit d'analyser la légitimité des communications des entreprises : 47 % les ont trouvées opportunes, 42 % les jugeant même opportunistes[2].

L'entreprise post-pandémie devra être résolument communicante, c'est une certitude. Mais la leçon vaut aussi pour la communication publique.

---

1. Robert Tixier-Guichard et Daniel Chaize, *Les Dircoms : à quoi sert la communication ?*, Seuil, 1993.
2. Étude menée auprès de 133 journalistes de la presse écrite, web et audiovisuelle, juillet 2020.

Le vice-président d'Havas, Stéphane Fouks, vient nous le rappeler[1] ; le jugement des Français sur l'action du gouvernement pendant la crise de la Covid ne s'est pas formé sur les résultats objectifs de sa politique de santé (nombre de morts, lits d'hôpitaux créés, etc.) ou de la mobilisation des moyens économiques (des milliards d'euros engagés). Il s'est formé sur sa communication, sur ses non-dits ou ses erreurs, voire sur ce qu'ils ont perçu être ses mensonges. Tout le monde a commenté « l'affaire des masques » et le discours changeant de nos dirigeants politiques. C'était une énorme maladresse, certainement une erreur politique, sûrement une faute de communication. Elle a pu entacher, par la suite, la crédibilité du discours politique, affaiblir les recommandations sanitaires. Les difficultés à faire accepter l'idée d'une vaccination massive volontaire en découlent peut-être, même si le terreau « anti-vaccin » était déjà bien fertile en France. Le choix des mots est aussi une affaire politique et, en l'espèce, l'idée saugrenue de qualifier certains commerces d'« essentiels » et d'autres de « non essentiels » a contribué à crisper le débat et à exciter les jalousies. Humiliante, l'expression ne pouvait que raviver les guerres picrocholines entre les jurandes. Pendant plusieurs jours, et de manière assez incompréhensible, le président de la République et le Premier ministre continueront à employer ces termes irritants, ce qui n'a pas contribué à l'apaisement...

Enfin, parfois, la faute de communication vient de l'absence de communication. Et en la matière, la gestion de la communication à destination du monde culturel est incompréhensible de la part d'un président qui se

---

1. Stéphane Fouks, *Pandémie médiatique*, Plon, 2020.

pique d'une proximité avec ce milieu. Pourtant, en nommant Roselyne Bachelot rue de Valois, Emmanuel Macron réussissait un joli coup, capable de redonner confiance à une profession sérieusement ébranlée par le premier confinement. Auréolée de son expérience ministérielle, qui plus est sur la Santé, ragaillardie par l'ironie de l'histoire qui lui donnait raison après des années de reproches d'avoir gaspillé l'argent public en achetant trop de masques et de vaccins, Roselyne Bachelot s'offrait à se battre pour la culture. Et dans un enchaînement de décisions absurdes, la voilà qui a progressivement perdu tous ses arbitrages. Pourquoi Jean Castex fit-il le choix étrange de sacrifier ainsi le capital politique que lui offrait sa ministre ? Pourquoi ignorer la qualité des protocoles sanitaires renforcés que proposaient les acteurs culturels ? Pourquoi ouvrir les lieux de culte et permettre des rassemblements limités en nombre, mais l'interdire dans les théâtres, et ce alors même que, depuis l'été, le Portugal maintenait ouverts théâtres et musées, sans qu'on y déplore de clusters[1] ? Face à tous ces questionnements, souvent légitimes, la voix gouvernementale porta peu. Le silence, l'ignorance furent donc des choix de communication, une stratégie délibérée dont on cherche encore l'intérêt politique... À l'inverse, la stratégie de communication (mais était-ce une stratégie ?) sur la campagne de vaccination a été menée avec finesse. Le penchant français pour la défiance à l'égard des vaccins a ainsi pu s'exprimer très largement durant tout le mois de décembre, alors que les vaccins eux-mêmes n'étaient pas encore une réalité pour le pays. Cette surmédiatisation des opposants

---

1. Isabelle de Gaulmyn, « L'Église est-elle un lobby ? », *La Croix*, 21 décembre 2020.

a fini par exaspérer les « pro-vaccins », qui, bien que discrets au départ, ont commencé à donner de la voix pour demander des vaccins, et plus vite que ça ! Préparer le terrain en laissant monter la demande de vaccins, plutôt qu'en tentant de l'imposer immédiatement à une opinion publique spontanément réticente, s'est avéré être une judicieuse tactique.

Conclusion

Voilà une année que nous vivons avec ce virus. Depuis le début de cette pandémie, les scientifiques nous avaient prévenus : on en prendrait pour au moins deux ans. Serions-nous donc arrivés à mi-chemin ? Le début des campagnes de vaccination de par le monde pourrait le faire accroire. Mais on a subi tellement de déconvenues ces douze derniers mois qu'on restera *violemment modérés* dans l'expression de toute forme d'espoir !

L'heure n'est pas encore à l'armistice, encore moins à la capitulation de la Covid. L'apparition de nouveaux variants nous le rappelle hélas très vite. Le pays reste en guerre, comme l'avait annoncé le président de la République, même si Régis Debray souligne avec facétie que « c'est une drôle de guerre, celle où le commandant en chef a pour mot d'ordre "planquez-vous" ; où une mobilisation générale met à l'arrêt ; où on appelle à ne plus faire société pour faire nation, à s'isoler pour se serrer les coudes[1] ».

Les *Essentiels de la République*, ce ne sont pas seulement ceux qui ont pu continuer leur activité durant

---

1. Régis Debray, « Quitte ou double », *Un virus et des hommes*, *op. cit.*

cette pandémie. Ce sont, plus globalement, toutes celles et tous ceux qui ont permis à notre société de résister à cette épreuve et de se préparer à la dépasser.

Si les grands élans de solidarité semblent avoir disparu, si les discours se font moins utopistes, si la vie quotidienne semble avoir repris ses droits – gestes barrières en sus –, c'est peut-être l'expression d'une forme de résilience collective ; claquemurés pendant des mois, agressés par cet ennemi invisible qui nous prive de relations sociales et familiales, nous finissons par retrouver un peu nos pratiques anciennes, finalement rassurantes dans tout ce chaos...

On continuera à s'interroger : les hôpitaux et les soignants retrouveront-ils plus de moyens qu'avant la crise sanitaire ? Théâtres, musées, bistrots et restaurants redeviendront-ils ces lieux de brassage qui nous manquent depuis tant de mois ? La parole politique retrouvera-t-elle le crédit dont une opinion à cran l'a si souvent privée durant cette crise ? Dans ce contexte, le plan de relance sera-t-il suffisant pour conjuguer efficacement mesures de soutien immédiat et fléchage d'investissements de plus long terme ? Il faudra répondre à toutes ces questions pour que l'esprit de solidarité persiste, sinon ce sont de nouvelles fractures qui risquent d'écarteler un peu plus notre société.

Ce que nous avons voulu démontrer au travers de ce récit et de cette prise de distance, c'est que la Covid, par-delà les drames et les catastrophes, aura été un puissant accélérateur des mutations en cours.

Il est clair que la révolution digitale n'a pas attendu ce virus. La plupart des enseignes évoluaient déjà vers le multicanal bien avant que le monde ne bascule dans le confinement. Les enseignes d'e-commerce étaient déjà en plein boom. Mais la Covid nous a tous

Conclusion

obligés à bouger, petits comme grand commerces. Il n'y aura pas de marche arrière, le développement du e-commerce n'est plus simplement l'affaire d'Amazon ou de Cdiscount. Il concerne désormais tous les commerçants et tous les artisans. Les plateformes, avec leurs nombreux services en ligne, remettent en cause la gestion du rentier sur son fonds de commerce. Pour nombre d'artisans et de commerçants, le digital aura été une planche de salut leur permettant de limiter les dégâts. Et ce n'est pas le moindre des paradoxes de cette pandémie que de voir le ministre du Commerce (qui se considère traditionnellement comme le ministre du seul *petit* commerce) se ranger du côté de la modernité et se faire l'apôtre du click & collect !

Cette accélération est aussi un sacré clin d'œil de l'histoire aux trois refondateurs des groupements français de commerce indépendant : Édouard Leclerc, Jean-Claude Jaunait (Système U) et Jean-Pierre Le Roch (Intermarché). Eux qui ont passé tant d'années à sillonner la France pour inviter des commerçants à sortir de leur individualisme et à se regrouper pour acheter, investir et communiquer ensemble, auraient été bien étonnés de voir avec quelle rapidité s'est opéré le basculement collectif dans le commerce connecté !

La préoccupation sanitaire est aussi venue renforcer l'exigence de naturalité dans l'alimentation (plus de bio, moins d'additifs, moins d'emballage, etc.). Elle obligera à de nouvelles coopérations entre tous les acteurs de la filière. Est-ce utopiste ? Ce journal montre que ces coopérations sont possibles. Elles ont beau avoir été improvisées et imposées par un contexte hors norme, elles n'en ont pas moins été performantes et profitables à tous. L'investissement de chacun, hors des polémiques stériles et des jeux de scène, a permis d'y parvenir. Il ne tient qu'aux principaux acteurs de cette histoire de savoir rejouer leur rôle *par temps de paix.*

Jamais le digital n'aura été aussi présent dans toutes les dimensions de nos vies personnelles et professionnelles, et pourtant, au final, c'est bien la relation humaine qui reste le noyau dur de notre résilience. C'est finalement assez rassurant d'en faire le constat.

À l'heure de clore ce texte, nous souhaitions exprimer notre sincère gratitude aux personnels soignants et aux auxiliaires de solidarité, œuvrant chaque jour auprès des plus fragiles. Ils auront, une fois de plus, démontré leur engagement et leur professionnalisme. Leur courage aussi. La République leur doit une reconnaissance immense.

Qu'il nous soit permis de souligner aussi le rôle de tous ces acteurs du commerce, de l'artisanat, de l'industrie, du transport et de l'agriculture qui se sont démenés pendant des semaines pour servir un pays à l'arrêt. En racontant les coulisses de cette crise, en narrant leurs exploits (et parfois leurs maladresses), nous avons voulu leur rendre hommage. Quand viendra l'heure d'écrire la grande Histoire, nous voudrions qu'on n'oublie pas non plus qu'aux côtés des infirmières, ce sont aussi les caissières de supermarchés qui ont été applaudies par des millions de Français, soixante-cinq jours durant.

Annexe

Début avril, j'adresse un message à l'ensemble de nos équipes. Pas simple à rédiger. Trois semaines après le début du confinement, on ignore tous de quoi l'avenir sera fait...

« Chers adhérents, Chers amis de métropole, d'Outre-mer, d'Andorre, de Pologne, de Slovénie, d'Espagne et du Portugal,

« Alors que nous débutons un mois nouveau de cette crise inédite, j'ai souhaité vous écrire ces quelques mots d'encouragement. Au début de l'année, nous avancions bon train, échangions sur nos performances, le "nez dans le guidon". Et nous voilà rattrapés, d'abord ébranlés, puis complètement mobilisés, pour qu'un désastre économique ne se surajoute à cette catastrophe sanitaire et humaine. Je n'ignore rien de la vie de dingue que vous avez menée ces dernières semaines.

Plusieurs d'entre vous, des membres de vos familles et certains de vos collaborateurs, ont été touchés par ce virus. Ceux qui n'ont rien doivent prendre conscience de leur chance.

Depuis un mois, nous échangeons quotidiennement avec vos Présidents, et j'ai toujours plaisir à vous retrouver les uns les autres par téléphone, SMS... ou autre Skype, puisque nous sommes désormais des adhérents "ultramodernes" !

Et je tiens à vous dire mon admiration devant la résilience et le sang-froid de vous-mêmes et de vos collaborateurs en magasin et drives, dans les SCA et nos différents outils en activité, en France et en Europe.

Je pense souvent à vous qui êtes au plus près de nos clients, dont certains ne sont pas toujours conscients des efforts surhumains déployés par vos équipes, jour et nuit, pour maintenir un niveau de service élevé, malgré les circonstances.

Les médias (et surtout les politiques) ont, à travers le travail de nos hôtes de caisse et de nos préparateurs drives, redécouvert la noblesse de nos métiers. C'est justice. Je compte sur vous pour les remercier au nom de l'enseigne, et, le temps venu, de gratifier de gestes concrets toutes les personnes qui ont répondu à l'appel.

J'ai pu constater aussi une belle harmonie entre distributeurs, au national comme au local. Ça ne nous empêchera pas de nous tirer la bourre commercialement dans les prochains jours, mais dans les coups durs, on a montré qu'on savait s'entraider... et notamment pour obtenir des masques !

Permettez-moi, à cet instant, d'insister sur trois points.

1. Des milliers d'entreprises ont dû cesser leur activité. Pour beaucoup, ce sera un désastre. Si nous avons pu continuer à exercer notre activité, c'est parce que nous avons fait la promesse d'organiser les conditions sanitaires de notre distribution et d'assurer l'approvisionnement alimentaire des Français. Comme je l'ai dit dès le début de cette crise, la distribution a, dans cette affaire, assumé une véritable mission de service public. Dans l'exercice de ce rôle, E. Leclerc doit être exemplaire. Et notamment en assurant un maximum

de débouchés aux produits français. Chaque magasin, chaque rayon doit porter cette promesse. Toutes les enseignes jouent le jeu. Dans l'autonomie que chaque adhérent revendique dans ce domaine commercial, je compte sur vous pour qu'on soit les plus efficaces et illustrer ainsi notre engagement auprès du monde rural.

2. On ne sortira pas indemnes du déconfinement. Il y aura de la casse, notamment dans les magasins qui auront dû fermer les concepts ou qui étaient très éloignés des centres de consommation. Il faudra faire preuve d'une grande solidarité entre nous.

3. Et enfin, il faut imaginer que des millions de Français en chômage partiel, des indépendants et professions libérales ayant cessé leur activité... vont se retrouver avec moins de revenus et probablement peu de perspectives immédiates. La question du pouvoir d'achat va redevenir centrale. On peut imaginer une crise bien plus sévère que celle que l'on a connue après 2008. Les centres E. Leclerc devront, à ce moment-là (et ça se prépare maintenant), prouver leur fidélité à tous ces clients qui, jusqu'ici, ont fait notre réussite. Nous avons l'habitude d'invoquer notre « utilité sociale ». Ça va être l'occasion (mais aussi l'opportunité) de la démontrer !

Soyez assurés de ma détermination, aux côtés de vos Présidents, à vous accompagner dans ce combat. Je vous embrasse affectueusement et vous demande de prendre soin de vous, de vos proches et de toute la communauté humaine qui se dévoue à notre enseigne.

Amicalement,

Michel-Édouard Leclerc »
Le 7 avril 2020.

Table

Avertissement 7

Prologue. Plus rien ne sera comme avant 13

Première partie

Éviter la pénurie 23

Un dimanche à Bercy 27

Il y a de la bouffe jusqu'à l'été ! 31

La bataille mondiale des masques 35
   De l'(in)utilité des masques 35
   Géopolitique des masques 37

Les masques de la colère 41

Des masques à tout prix ! 51

Les magasins en première ligne 55
   Tenir le flux d'approvisionnement 55
   Maîtriser la fréquentation 56

Protéger les salariés 57
　　Quand le virus frappe 59
　　Quand le quotidien déraille 61
　　Rassurer les clients 61

Chacun à son poste ! 63
　　Tenir la « seconde ligne » 63
　　Éviter les procès en désertion 64
　　Le ministre rase gratis 66
　　On applaudit les caissières à 20 heures 68
　　Faire revenir les voyageurs 69

Les invisibles de la distribution 71
　　Lutter contre les hackers 71
　　Cluster à l'abattoir 72
　　La morgue en entrepôts 74

Il faut sauver la ferme France 77
　　Les marchés ne marchent plus 78
　　Soutenir les producteurs locaux 79
　　Mangez des pommes (françaises) ! 79
　　Agneau, chevreau et petit veau 81
　　Il faut soutenir la pêche française 82
　　Le boomerang de l'effet prix 83

La consommation sous tension 87
　　Razzia sur les pâtes 87
　　L'hygiène en berne ? 89
　　Ça sent le sapin pour le cacao ! 89

Peurs sur le jouet	90
La bataille des parts de marché	91
Emballement sur l'emballage	92
Plastic Attack !	93
La mauvaise polémique de Foodwatch	94
Gare aux tests de grossesse !	96
Des querelles bien françaises	**99**
Les fleurs du mal	100
Même les libraires brûlent leurs idoles	102
La fin des illusions	105
Tous « essentiels » !	**107**
Violences intrafamiliales	109
La culture, quand même !	110
Le monde d'après est déjà mort	112
Gérer la crise	**113**
Concurrents, mais bienveillants	115
En bonne entente avec Bercy	116
Grands écarts politiques	117
Absurdités technocratiques	119
Bourdes médiatiques	120
Un pays à cran	121
Retour en confinement	**123**
Un été en trompe-l'œil	123
L'Acte II du confinement	124
L'archipel français	125

La « giletjaunisation » des commerçants........ 126
Bienvenue en absurdie.................................... 128
Le meilleur employé d'Amazon...................... 130

En attendant la prochaine vague............... 135

Deuxième partie

Consommation : le monde d'après ?.................. 139
    Au commencement était Égalim.................... 140
    Vers une production plus vertueuse............... 141
    Une consommation en mutation................... 141
    Emballage : objectif réduction...................... 144
    Une inexorable marche en avant.................. 145

**Une nouvelle consommation,
à quel prix et pour qui ?**................................. 147
    Le retour de la question du prix................... 149
    L'épineuse question du pouvoir d'achat........ 150

**De l'hypermarché au e-commerce :
une stratégie globale**..................................... 155
    Le commerce tenu en faible estime............... 156
    L'heure de gloire du e-commerce................. 157
    Le drive plébiscité...................................... 161
    Un commerce désormais
    totalement omnicanal.................................. 162
    L'hypermarché a encore de l'avenir !............. 164
    L'ère du rentail.. 166
    L'humain, encore !..................................... 167

Table

L'entreprise et la cité 171
   Le retour de l'État 172
   Refonder la relation entreprise et société 176
   L'entreprise à mission et ses malentendus 178
   Vers une plus grande coopération ? 185

Le télétravail, ce nouvel eldorado ? 189
   Des marchés dopés par le télétravail 190
   Un monde merveilleux…
   mais pas pour tous ! 192

La communication, un enjeu stratégique 197
   Communication empathique 197
   L'entreprise doit faire corps avec la société 200
   Communication digitale,
   communication frontale 201
   Communication politique 205

Conclusion 209

Annexe 213

Composition et mise en pages
Nord Compo à Villeneuve-d'Ascq

CET OUVRAGE
A ÉTÉ ACHEVÉ D'IMPRIMER
SUR ROTO-PAGE
PAR L'IMPRIMERIE FLOCH
À MAYENNE EN MARS 2021

N° d'impression : 97916
Imprimé en France